당신은 이 시대 최고의 주인공입니다.
당신은 잘할 수 있습니다.

_____ 님께
Global Chef.
한상백이 응원합니다.

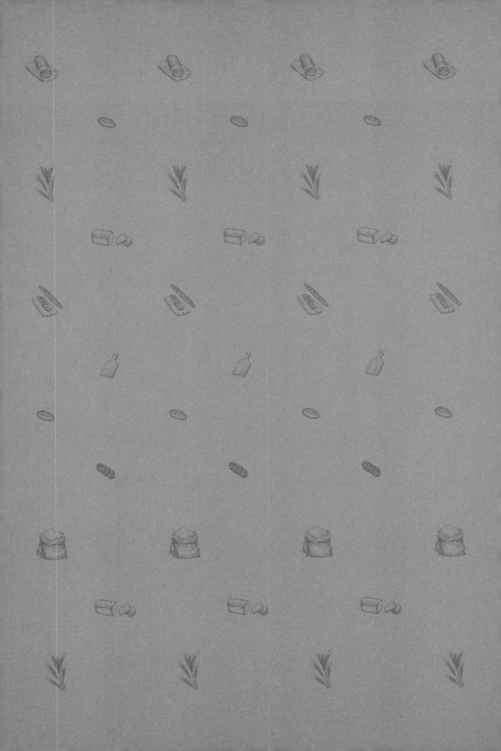

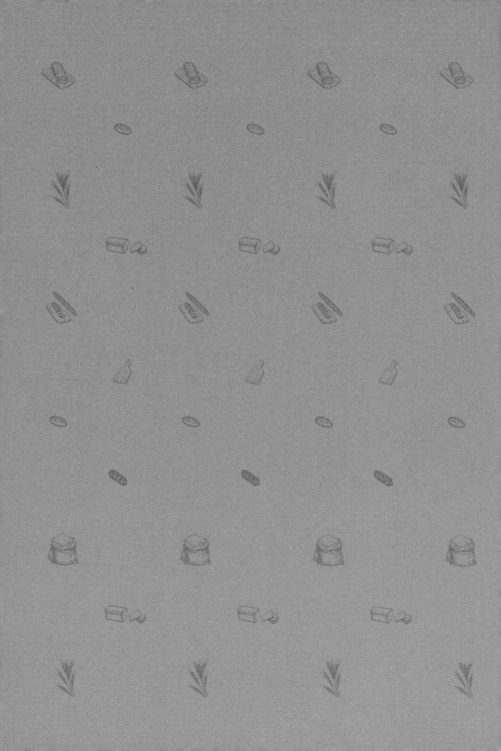

마음을 담은 빵,
세상을 향해 굽다

글로벌 셰프 한상백의 인생레시피

마음을 담은 빵, 세상을 향해 굽다

초판 1쇄 인쇄 2019년 3월 20일
초판 1쇄 발행 2019년 3월 30일

지은이 한상백
펴낸이 백광옥
펴낸곳 천그루숲
출판등록 2016년 8월 24일 제25100-2016-000049호

주소 (06990) 서울시 동작구 동작대로29길 119, 110-1201
전화 0507-1418-0784 팩스 050-4022-0784 카카오톡 천그루숲
이메일 ilove784@gmail.com

마케팅 백지수
인쇄 예림인쇄 제책 예림바인딩

ISBN 979-11-88348-37-4 (13320) 종이책
ISBN 979-11-88348-38-1 (15320) 전자책

이 도서의 국립중앙도서관 출판예정도서목록(CIP)은 서지정보유통지원시스템 홈페이지(http://seoji.nl.go.kr)와
국가자료공동목록시스템(http://www.nl.go.kr/kolisnet)에서 이용하실 수 있습니다.(CIP제어번호 :
CIP2019009732)

글 로 벌 셰 프 한 상 백 의 인 생 레 시 피

마음을
담은 빵,
세상을 향해 굽다

한상백 지음

천그루숲

인정 받는 셰프는
'인성'이 우선 겸비된 후 '기술'이 습득된 셰프다!

아무리 별 볼 일 없다고 생각하는 사람에게조차도 선입견과 편견을 배제하고 상대에게 진심으로 대해 준다면 종전에 알지 못했던 그 사람의 잠재력과 재능을 수면 위로 끌어올려 줄 수 있다. 그 과정에서 제일 중요한 자세는 '기다림'과 '배려'이다.

나 또한 가난했던 어린 시절 내가 가지고 있는 잠재력과 재능이 뭔지도 모르고 생활고에 찌들려 살았다. 하지만 가난했기에 남들보다 더 부지런하게 살았고, 더 열심히 살았던 것 같다. 그러다 우연한 기회에 접하게 된 제빵의 길….

1988년 서울올림픽 당시 선수들과 외국 기자들의 숙소였던 송파구 올림픽선수기자촌 아파트에 처음 제빵 실습을 나가 선배들이 정성스럽게 만든 빵을 진열하고, 외국인들이 그 빵을 감동하며 행복하게 먹는 모습을 지켜보며 제과인의 길을 걷기 시작했다. 나도 누군가에게 빵을 통해 기쁨과 즐거움 그리고 행복과 희망을 안겨줄 수 있겠다는 확신을 가지게 되면서 미친 듯이 빵에 대한 열정 하나로 30년 이상 내 직업의 본질을 이해하고 사명감을 가지고 살아왔다.

　지금까지 1,500회 이상 비행기를 타며 해외에서 활발하게 한국의 베이커리 문화를 소개하고 있다 보니 세계 최고의 기술강국인 대한민국에서 열심히 일하고 있는 우리 현직 후배 셰프들과 셰프의 꿈을 꾸고 있는 청소년들에게 조금이나마 맛있고 멋있는 인생의 레시피를 전해주고 싶어 그동안의 삶을 정리해 보았다. 특히 '인기' 있는 셰프가 되기 위해서는 '인성'이 우선적으로 갖춰지고 나서 '기술'이 습득되어야 한다는 사실을 우리 제과제빵 후배들에게 꼭 전해주고 싶은 마음에 이 책을 쓰게 되었다.

　　　　　　　　　　　　　　　　　　　　　머리말

이 책은 총 4장으로 구성되어 있다.

제1장에서는 배고픈 어린 시절, 방황 속에서 우연히 빵과 만나게 되면서 제빵인의 길을 걷게 된 나의 삶과 나의 길을 정리해 보았다. 그리고 제2장에서는 제빵인이 가져야 할 마음가짐과 끝없는 배움의 중요성에 대해 이야기했다. 제3장에서는 나와 우리 가족, 그리고 함께하는 직원들의 소중함을 항상 염두에 두었으면 하는 나의 생각을 담았다. 마지막 제4장에서는 우리가 항상 존중하고 대접해야 할 우리의 고객에 대한 나의 단상을 정리해 보았다.

대한민국 사회가 학력 위주가 아닌 각 분야에서 땀흘리며 기능을 연마하고 있는 기능인들이 존중받고 우대받으면서 자신의 기술을 마음껏 펼칠 수 있는 세계 최고의 기술강국이 되도록 나는 앞으로도 열심히 뛸 것이다. 이 책의 출간도 우리 후배 기능인들이 마음껏 국내를 넘어 세계로 도약하고 비상할 수 있기를 희망하는 마음에 '한상백'이라는 사람이 도움이 되겠다는 마음을 담은 것이다.

이 책을 출간하는 과정이 쉽지는 않았다. 끝까지 응원해 준 아내 성유희와 이제 훌쩍 커버린 우리 쌍둥이 종화와 종호, 막내 지언에게 고마운 마음을 전한다. 그리고 어려운 상황에서도 더 어려운 분들을 도와주시는 우리 어머니께도 감사의 마음을 전한다. 마지막으로 지금까지 나를 지켜봐 주시고 응원과 격려를 해주신 후배, 친구, 선배님들에게 진심으로 감사의 마음을 함께하고자 한다.

한상백

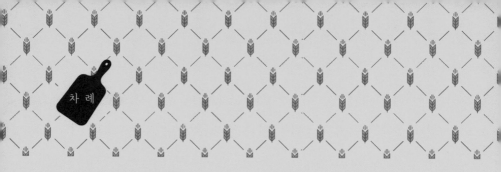

머리말

제1장

사람의 향기로 풍미를 더하다

제2장

행복한 파티쉐가 간다

제1장 술로 풍미를 더하다

제1장

· 사람의 향기로 ·
풍미를 더하다

내게 너무 특별한 빵, 바게트

Premium quality

바게트는 밀가루와 물과 소금과 이스트(혹은 천연발효종 르뱅) 딱 네 가지의 재료로 만드는 가장 기본적이고 기초적인 빵이다 (프랑스에서는 이 네 가지 외의 재료가 들어가면 '바게트'라는 이름을 붙여 팔 수 없다).

골목마다 없는 곳이 없는 우리나라 대표 프랜차이즈 빵집 이름에 '바게트'가 들어갈 정도이니 빵으로서의 바게트의 존재감은 어마어마하다.

파리 몽마르뜨 언덕의 빵집 거리엔 특히 그해 '최고의 바게트'에 선정된 장인들의 빵을 사기 위한 사람들의 행렬이 줄을 잇는데, 이른 아침 갓 구운 파리 최고의 바게트를 사서 아침을 준비하기 위해 근처에 세를 들어 살고 있는 사람들도 적지 않다.

〈레미제라블〉에서 장 발장이 훔친 빵은 '깜빠뉴'인데 왠지 '감방'을 연상시키는 이름이라 볼 때마다 피식 웃음이 나온다.

제1장 사람의 향기로 풍미를 더하다

깜빠뉴는 바게트와 함께 프랑스인들이 식사용으로 먹는 대표적인 빵이다.

파리지앵의 달리는 자전거 바구니에 담긴 누런 봉지 속의 길고 딱딱한 빵 바게트, 왠지 프랑스 하면 떠오르는 에펠탑만큼이나 대표적인 장면이 아닐 수 없다. 그래서 나는 파리에 일이 있어 갈 때마다 몽마르뜨의 빵집 거리를 찾는데, 혹시라도 그해 '최고의 바게트' 1등에 선정되어 엘리제궁에 납품되는 바게트의 맛을 보게 되면 만세를 부르고 싶을 정도이다.

달고 부드러운 온갖 종류의 빵들과는 달리 어찌 보면 무미건조하고 별다른 맛이 느껴지지 않는 바게트는 우리가 매일 먹는 밥처럼 질리지 않는다는 특징이 있다. 씹을수록 고소한 것도, 빵을 자른 단면의 기포의 크기에 따라 씹는 질감이 다른 것도, 발효의 정도와 숙성에 따라 산미가 다른 것도 내겐 너무 매력적이다.

바게트는 나와 특히 인연이 깊다. 30대 초반, 신세계백화점 본점 달로와요 매장에서 근무 중 간부들의 모함으로 좌천을 당해 이마트 상봉점의 베이커리파트 총책임자로 갔을 때의 일이다. 실의와 좌절 중에도 나는 내색하지 않고 열심히 나의 업무에 최선을 다했다.

어느 날 본사에서 세 가지 조항의 지시가 내려왔다.

1) 재료비를 아껴라
2) 직원들의 근무시간을 단축시켜라(초과근무시간 인정 안 함)
3) 매출을 올려라

기존의 제품들로는 한계가 있다는 결론을 내리고 나는 새로운 메뉴를 개발하기로 했다. 여기저기 살펴보다 제품 진열매대를 보니 바게트가 제일 먼저 눈에 들어왔다.

한 개 1,800원의 바게트를 여러 조각으로 잘라서 내가 만든 비법 소스를 묻혀 다시 살짝 구워 보았다. 너무 묽거나 걸쭉하거나에 따라, 또 바게트가 몇 조각인가에 따라 모양과 맛이 다르게 나왔다. 여러 번의 시행착오 끝에 소스의 농도와 함께 빵을 18조각으로 자르기로 결정했다.

주방의 직원들에게 최대한 많은 양의 바게트를 만들어놓고 퇴근하게 하여 근무시간을 단축시켰다. 또 1,800원짜리 바게트를 18조각으로 잘라 3개에 1,800원을 받으니 판매가는 기존의 6배인 10,800원이 되었고, 이로 인해 재료비가 엄청나게 절감

제1장 사람의 향기로 풍미를 더하다

되어 회사에 많은 수익이 생겨났다.

방망이 모양의 길고 딱딱한 빵 앞에서 살까말까 망설이다 발걸음을 돌리곤 하던 고객들이 주저 없이 소스 바른 조각 바게트를 집어 쟁반에 담았다. '후렌치바게트'로 내가 명명한 신메뉴는 굽기 바쁘게 팔려나갔고, 매장 안은 후렌치바게트 굽는 냄새로 가득 찼다. 판매사원들에게 따끈하게 구워져 나온 빵을 시식용으로 떨어지지 않게 제공하라고 당부했고, 고객들은 그것을 맛보기 위해 줄을 섰다. 소스를 덧발라 구워 달콤하면서도 크런치한 맛에 엄청나게 바삭하고 촉촉하고 폭신한 바게트로 재탄생한 것이 성공의 열쇠였다.

그런데 문제가 있었다. 후렌치바게트는 우리 매장만의 메뉴이다 보니 계산할 때 입력할 바코드가 없어서 부득이하게 1,800원짜리로 등록되어 있던 강낭콩베기빵의 바코드를 붙여서 판매를 했다.

그러다 보니 본사에서는 우리 지점에서만 강낭콩베기빵이 엄청나게 팔리고 있으니 이상하기도 했고(주말에 단일품목으로 300~400만 원의 매출 기록), 그 빵의 재료 주문량은 그대로이니 더더욱 수상했을 것이다.

결국 본사에서 부장이 불시에 조사를 나오게 되면서 이 모든 상황을 알게 되었다. 그리고 후렌치바게트를 직접 먹어본 부장의 크게 뜬 눈과 놀라던 표정을 나는 지금까지 잊을 수가 없다.

후렌치바게트는 이마트의 베이커리 '데이앤데이'의 신메뉴로 당당하게 입성했다. 나는 소스의 배합표와 후렌치바게트의 레시피를 본사에 알려주었다. 후렌치바게트는 강낭콩베기빵의 신세를 지고 있던 더부살이에서 벗어나 독자적인 신메뉴로 고객들의 엄청난 사랑을 받았다.

그리고 얼마 후 회사에 엄청난 수익을 창출할 수 있게 한 공로를 인정받아 난 제주도 지점으로 스카우트 제의를 받아 떠났다.

제주도는 요즘 사람들에게도 살고 싶은 꿈의 도시, 너도나도 '한 달만 살아보기'로 무작정 떠나는 곳일 정도로 아름다운 곳이다. 나 역시 제주는 인생의 또 다른 도약을 위해 준비할 수 있었던 꿈의 섬이다. 1년 동안 제주에서 책임자 생활을 하며, 새롭게 시작할 나의 꿈을 그릴 수 있었기 때문이다. 그래서 지금도 제주도 제과인들이 제빵기술 세미나에 초청을 하면 늘 감사한 마음으로 항상 가고 있다.

제1장 사람의 향기로 풍미를 더하다

배고픔을 채워준
맘모스빵

Premium quality

나의 어린 시절은 깜깜한 기억밖에 없을 정도로 암울했다. 낭떠러지에서 떨어진 기억이 나는데 그것이 내 유일한 기억이다. 낭떠러지가 아니고 야트막한 동네 언덕배기 정도가 아니었을지…. 워낙 어린 나이였으니 말이다.

　나는 4남 2녀의 막내로 태어났는데 어릴 때 너무 가난해서 어머니는 나를 미국으로 입양을 보낼까 심각하게 고민하실 정도였다고 한다.

　처음부터 우리 집이 그렇게 가난했던 건 아니었다. 학교 선생님이었던 아버지가 어느 날 교통사고로 크게 다치신 것이다. 엄청난 치료비를 더 이상 감당하지 못하고 아버지는 퇴원해 집에서 누워 지내셨다. 그런데 등에 큰 상처를 입어 바로 눕지도 못하고 늘 방바닥에 엎드린 자세로 누워서 지내셨다. 어머니가 허드렛일을 하며 가족의 생계를 책임질 수밖에 없었던 이유이다. 나중에 어른이 되어 알게 된 사실이지만 교통사고를 낸 가해자

　　　　　　　　제1장 사람의 향기로 풍미를 더하다

가 제자인 것을 안 아버지는 치료비를 자비로 내었고, 이로 인해 우리 집이 더욱더 어려워졌다고 한다. 그래도 이 사실을 알고 나니 아버지의 제자에 대한 사랑과 아낌을 느낄 수 있어 좋았다.

당시 가난했던 서울의 흑석동을 생각하면 지금도 가슴이 먹먹하다. 어머니는 우리 동네고 다른 동네고 할 것 없이 신출귀몰하며 닥치는 대로 일을 하셨다. 국립묘지 현충원에서 떡을 파는가 하면 다음 날은 용산의 시장에서 흙당근을 씻어 파셨다. 몸으로 부딪치는 일이다 보니 벌이는 신통치 않았다. 형들과 누나들도 각자 학비나 용돈을 벌다가 생활전선에 일찍 뛰어들었다. 그렇게 일하느라 바빠서 어머니는 물론 형이나 누나들도 막내인 나를 돌봐줄 겨를이 없었다.

어머니는 시장에 나가서 일을 해야 하는데 나를 데리고 다닐 형편이 아니었다. 시장에 데리고 가면 어린 나를 잃어버릴까봐 문고리를 잠그고 나가셨다. 어린 나는 칠흑 같이 어두운 방에서 누가 올 때까지 혼자 보내야 했고, 그래서인지 내 머릿속의 어린 시절은 늘 깜깜하기만 했다.

초등학교에 들어가기 전까지 나는 새장 속에 갇혀 있는 새와 다름없었다. 바깥의 기척에 귀를 기울이며 식구들을 기다리다 배가 고프면 어머니가 끓여놓고 간 콩나물국을 퍼먹었다. 그렇게 콩나물국을 많이 먹었으면 물릴 만도 한데 나는 지금도 콩나물국을 좋아한다. 뭐든 한 가지를 좋아하면 끝까지 좋아하는 경향이 있는데 어릴 때 어둑한 방의 콩나물국부터 시작된 버릇 같다.

어릴 때 내가 다른 아이들처럼 평범하게 자랐다면, 혹은 어머니가 나를 방에 가두지 않고 데리고 다니셨으면 얼마나 좋았을까 하는 생각을 할 때가 있다. 이제 와서 부질없지만 어둠 속의 그 꼬마가 너무 안쓰럽다고 생각하기 때문이다. 내가 결혼을 해서 자식을 낳아보니 어머니가 오죽했으면 그러셨을까 싶은 마음이 든다. 그 마음이 너무도 이해가 가지만 내 아이를 보면 또 절대 그럴 수 없다는 생각이 드는 것도 사실이다.

초등학생이 되어 학교에 가게 되니 너무 좋아서 날아갈 것 같았다. 어두운 방 밖으로 나온 것도 좋았고 골목에서 마주치는 사람들도 좋았고 무엇보다 학교에서 내 또래의 친구들을 만

제1장 사람의 향기로 풍미를 더하다

나게 된 것이 좋았다. 그렇게 혼자 어둠 속에 있다가 세상에 나오면 사람이 무서울 법도 한데 나는 어떻게 생겨먹은 아이인지 처음부터 그런 게 없었다.

사람을 좋아하는 것은 내 천성이 아닌가 하는 생각을 하게 된다. 역마살이 있는 사람처럼 전국을 돌아다니고 온 세계를 돌아다니는 것도 어린 시절의 영향이 있을 것이다. 어린 나에게 그 시절은 답답함의 연속이었던 것이다.

친구들과 함께 새로운 세상이 눈앞에 펼쳐지니 그야말로 모든 것이 호기심 천국이었다. 나이 차이가 많은 형이나 누나들 속에서 지내다가 나와 비슷한 아이들 수십 명과 함께 생활하는 교실은 내게 천국이었다.

공부보다는 친구들과 노는 것이 좋았다. 방과후에도 친구들과 어울리느라 시간 가는 줄 몰랐다. 그때만 해도 아이들의 사는 형편은 비슷비슷했고 지금처럼 수학학원으로 피아노교실로 내몰리지 않았다. 어쩌면 내가 너무 어려서 몰랐을 수도 있는 일이지만!

머리통이 크고 중학생이 되면서 우리 집이 아주 가난하다는 걸 인지하게 되었다. 옷차림도 도시락도 친구들에 비하면 너무 낡고 초라했다.

봄과 가을, 학교에서 소풍을 갈 때도 어머니는 시장에서 바쁘게 일하시느라 김밥을 못 싸주실 때가 많았다. 미안해하며 돈을 조금 쥐어주셨는데 나는 그 돈으로 맘모스빵과 사이다를 하나씩 샀다. 왜 맘모스빵인가? 이유는 간단했다. 다른 빵에 비해 훨씬 컸고 소보루와 잼을 살짝 묻힌 빵이 내 입에는 최고였기 때문이다.

친구들이 내 입에 김밥을 넣어주면 나는 맘모스빵 한 조각을 떼어 친구의 입속에 넣어주었다. 맘모스빵은 맛도 맛이지만 크기가 커서 정말 좋았다.

방황, 그리고 빵과의 만남

Premium quality

초등학교 2학년 때 내가 다니던 서울 흑석동의 초등학교에 아버지가 복직했다.

교통사고로 크게 다쳐 병원에서 퇴원 후 집에서 엎드려 누워만 지내시던 아버지다. 몸이 정상으로 돌아오지 않았음에도 한 집안의 가장으로서 어머니가 고생하시는 걸 더 이상 지켜보고 있을 수 없었던 것이다. 아버지는 아픈 몸을 이끌고 어떻게든 교직생활을 유지하려고 안간힘을 쓰셨다.

등이 갈라지는 큰 상처로 반듯하게 누울 수도 없었던 아버지는 집에만 오면 바닥에 배를 깔고 누워만 계셨다. 성한 몸도 아닌데 너무 무리를 하신 탓인지 아버지는 내가 고등학교 1학년 때 세상을 떠나셨다. 제대로 된 치료만 받았더라도 그렇게 일찍 돌아가시지 않았을 거라고 생각하면 지금도 가슴이 아프다.

셋방살이 좁은 방엔 늘 아버지를 찾아온 제자들로 붐볐다. 가난해도 베푸는 걸 좋아하고 제자들을 너무나 사랑한 아버지였

제1장 사람의 향기로 풍미를 더하다

다. 아버지는 30년의 교직기간 동안 참교육을 실천하신 분임에 틀림없다.

아버지는 음악을 사랑하는 분이어서 내가 명랑하고 풍부한 감성을 갖는 데 영향을 주었다. 아버지의 아코디언 연주를 들으며 나는 많은 위로를 받았다. 우리 집은 비록 가난했지만 웃음소리가 끊이지 않던 가정이었다.

그러나 경제적인 어려움이 지속되면서 부모님의 관계도 나빠졌다. 몸이 괴로워서인지 아버지는 어머니에게 자주 화를 냈고 어머니의 밝은 웃음소리도 사라졌다. 성치 않은 몸으로 교단에 서는 등 아버지도 갖은 애를 쓰셨지만, 사실 4남 2녀의 자식을 키운 건 어머니라고 해도 과언이 아니다. 자식들을 위해 모든 것을 감내하고 이겨내셨던 내 어머니! 강인한 어머니는 내 마음속에 슈퍼우먼으로 자리잡고 있다(나는 어머니를 진심으로 사랑하고 존경한다. 다시 태어나도 내 어머니의 자식이 되고 싶다!).

해가 바뀌고 형들과 누나들이 돈을 벌어 보태면서 형편은 조금씩 나아졌다. 흑석동 맨 위 산동네에서 조금씩 아래로 내려갔지만 남의 집에 세들어 사는 건 마찬가지였다. 평수가 넓은 아파트를 원하는 것도 아닌데 어쩌면 지상의 집 한 채는 그토록 멀기만 한 것인지….

어느 날 우연히 다음 카페(문수학당)의 '좋은 아버지 훌륭한 아버지'라는 글에서 양태경 피아니스트의 〈그토록 추운 겨울〉이라는 음반을 알게 되었다.

'산비탈 위에 사는 가난한 아버지는 말한다. 우린 부자라고. 아들이 묻는다. 아부지, 우린 왜 이렇게 높은 데 사느냐고. 아버지는 대답한다. 우리가 부자라서 그렇다고. 봐라, 우리 동네 모든 집이 너의 발아래 있지 않으냐고. 우리 동네 뒷산 가장 높은 곳에 자리한 우리 집은 어린 나에게 여름엔 그 길이 한없이 더웠고, 겨울엔 참말로 추웠다.'

그리고 음반에 있는 〈가난한 아버지는 말했다. 우린 부자라고〉라는 제목의 피아노곡을 듣고 나는 오래 전 흑석동 셋방에 늘 누워 계시던 아버지를 떠올리고 눈물이 핑 돌았다.

고등학교에 들어가고 얼마 지나지 않아 아버지가 돌아가셨다. 세상에 태어나서 처음 겪는 큰 충격이었다. 가난 때문에 제대로 된 병원 치료를 계속하지 못한 것, 생활고 때문에 아픈 몸으로 무리하게 학교에 계속 나가신 것이 원인이라 생각하니 견딜 수가 없었다. 아버지가 돌아가신 후 내 삶은 무너졌다. 아버지라는 마음속 버팀목이 사라지니 앞으로 어떻게 살아야 할지 눈앞이 캄캄했다.

나를 딱하게 바라보는 사람들의 시선도 싫었다. 그때부터 나는 모든 것에 반항하며 밖으로만 내돌았다. 그러다 보니 친구들도 바뀌어서 공부와는 거리가 멀고 주먹이 먼저 나가는 거친 녀석들만 내 주변에 남았다.

어느 날 친구가 한 재수생에게 괴롭힘 당하는 걸 지켜보다가 싸움에 휘말리게 되면서 나는 삶의 큰 전환기를 맞게 된다. 퇴학을 당하고 나는 소년원을 들락날락하는 친구들과 어울리며 하루하루를 보냈다.

뒷골목 생활에도 돈은 필요해서 세차장, 신문배달, 전단지 배포, 롤러스케이트장 아르바이트를 위시해 나중에는 스탠드바와 나이트클럽에까지 진출했다. 파출소는 물론, 경찰서 유치장에도 자주 들락거렸다.

그렇게나 나의 삶이 망가져 가고 있을 때 나를 붙들어준 것은, 어머니와 큰형이었다. 어머니는 나를 끝까지 믿어주었고,

한국제과고등기술학교(2기)를 나와 제과기계 회사에 다니고 있던 큰형은 이러다가는 영원히 막내동생을 잃을 수도 있겠다는 생각에 나를 붙잡았다.

"내가 직접 빵을 만들어 보니 앞으로 우리나라 사람들 소득 수준이 높아지면 빵으로 아침식사를 대신할 것이고 실력 있는 제과제빵 기술자들은 여기저기서 모셔가려고 할 거야. 내가 보기엔 그 정도로 전망이 밝아! 형 말 믿고 빵 만드는 거 배워보자!"

열여섯 살이나 차이 나는 형의 말에 토를 달기도 어려웠지만 형의 말에 솔깃한 마음이 든 것도 사실이었다.

나는 그 길로 한국제과고등기술학교에 들어갔다. 빵과의 본격적인 인연이 시작된 것이다.

제1장 사람의 향기로 풍미를 더하다

빵공장에서 공부에 눈뜨다

Premium quality

평소 몸에 열이 많은 나에게 제과학교의 여름철 오븐 앞은 상상조차 해본 적 없는 고난과 시련이었다. 빵을 굽는 일이 그런 과정을 동반한다는 걸 어떻게 알 수 있었겠는가!

　제과학교에 입학해 보니 일반 고등학교와는 많이 달랐다. 일반학교는 대부분이 또래들이었지만, 이곳은 학생들 사이의 나이 차이가 많았다. 큰형뻘의 만학도도 드물지 않게 있었다.

　1988년, 9월에 열리는 서울올림픽으로 온 나라가 정신없이 바쁘게 돌아갈 때 나는 제과학교에서 빵과 쿠키 굽는 냄새에 파묻혀 세상이 어떻게 돌아가고 있는지도 몰랐다. 제과학교는 1년 코스였고, 눈 깜짝할 사이에 그 과정이 끝났다.

　오후에 수업이 끝나면 나는 학교에 남아 그날 배운 빵과 케이크를 직접 만들어 봐야 직성이 풀렸다. 수업시간은 물론, 빵과 케이크를 만들 때 나는 작은 메모 한 줄도 잊지 않았다. 가령 베이킹소다나 설탕이 1Ts(큰술)인지 1ts(작은술)인지에 따라 구워져 나오는 빵의 모양과 맛은 다를 수밖에 없었기 때문에 정확한 메모는 아주 중요했다. 메모를 하지 않으면 직접 빵을 만들 때 정확한 계량이 불가능하다. 그때의 메모 습관은 장차 내 공부와 인생의 큰 밑거름이 되었다.

당시 메모했던 노트를 지금까지도 간직하고 있다. 자화자찬 같지만 웬만한 기능장의 레시피 수첩에 뒤지지 않을 것이다. 오래 전 자신의 사진 속 모습을 보고 놀라는 것처럼 메모도 마찬가지다. '천재는 1%의 영감과 99%의 노력으로 이루어진다'고 말한 발명왕 에디슨이 남긴 노트가 3천 권이 넘는다고 한다. 메모는 단순한 기록을 넘어 아이디어를 낚아 올리는 비법이 된다고 나는 생각한다. 또 메모 습관은 꿈의 완결편을 이어주는 연결고리의 역할도 한다. 그러기에 꿈이 있다면 진정 메모하는 습관을 길러나가기를 적극 권한다.

나는 지금도 모든 일에 진정 가슴으로 듣고 느끼고, 손으로 직접 메모하고, 발로 직접 뛰면서 행동하면 꿈을 향해 한 걸음 한 걸음 나아갈 수 있다고 믿고 있다

1988년, 때는 바야흐로 올림픽 시즌이었다. 올림픽선수기자

촌으로 실습을 나갔을 때 나는 선배들이 만든 빵을 보기 좋게 진열하는 중요한(!) 역할을 맡았다.

주방의 선배들에 비해 아직 어린 내 얼굴이 괜찮다고 생각한 선배들은 하얀색 가운을 말끔하게 입혀 외국 기자들이 드나드는 식당으로 나를 밀어넣었다. 카트에 빵을 싣고 들어가 빵을 잘 진열하여 세계 각국에서 온 기자들이 편하게 먹을 수 있도록 하는 게 나의 역할이었다.

나는 그 일이 즐거웠다. 내가 진열한 빵을 올림픽 출전 선수들과 취재하는 기자들과 스태프들이 골라 맛있게 먹는 모습을 보면 그렇게 기쁠 수가 없었다. 그럴 때면 내 마음도 환해져 나도 모르게 미소가 지어졌다.

가끔은 제과학교의 생활이 답답하게 느껴져 뛰쳐나가 친구들과 어울리고도 싶었지만 빵을 직접 만드는 즐거움과는 견줄 수 없었다.

어느 날 곰곰이 생각해 보았다.

'내가 이때까지 살면서 사람들에게 웃음을 준 적이 한 번이라도 있었던가?'

아무리 생각해도 그런 적이 없는 것 같았다. 빵 만드는 일을 더 열심히 해서 뛰어난 제과제빵 기술자가 되어야겠다는 생각

제1장 사람의 향기로 풍미를 더하다

을 그때 처음 했다. 내가 직접 만든 빵도 아니고 진열한 것뿐인데 그 빵을 먹는 사람만 봐도 즐겁다니! 내 인생에도 한 줄기 빛이 들어오고 있음을 느꼈다.

그 후로 빵을 대하는 마음가짐이 달라졌다. 작은 행동 하나하나가 달라지자 매사가 흥미롭고 긍정적으로 느껴졌다. 사는 일이 즐거워졌다.

살아가면서 최대한 일찍 만나야 할 집사(?)님이 있다. 바로 미미집사(?)님이다. 이 말은 모든 일에 있어 재미있는 일을 찾다 보면 자연스럽게 흥미가 생기고, 일이 흥미로워지면 그 일에 집중과 몰입을 할 수 있게 되며, 그렇게 지속적으로 일을 하다 보면 그 분야의 최고가 되어 모든 이들에게서 사랑을 받고 존경을 받을 수 있는 장인이 될 수 있다는 이야기이다.

재미 → 흥미 → 집중 → 사랑
↓　　　↓　　　↓　　　↓
"미　　미　　집　　사"

제과학교를 졸업하고 처음 구한 일터는 일반 빵집이 아니라 고려대학교 식품가공실 내 빵공장이었다. 역시 큰형의 주선으로 이루어진 일이었다.

빵을 만들어 학교에 납품하는 '빵공장'이 학교 안에 있었는데 처음 나는 청소와 설거지, 심부름 등 허드렛일을 주로 맡았다. 처량하고 고달팠지만 전체적인 분위기와 기술을 익히기에는 더할 나위 없는 역할이었다.

두 달이 채 되지 않아 나는 밀가루를 계량해 반죽을 하기 시작했고, 곧이어 직접 빵을 만들기 시작했다. 판매 대상이 학생들이다 보니 종류는 그리 다양하지 않았다. 파운드케이크, 식빵, 팥빵, 소보루빵 정도여서 나는 몇 달 지나지 않아 전체 공정을 다 배울 수 있었다.

1989년 당시 내가 받은 월급은 고작 8만 원 정도였다. 터무니없이 적은 액수인데 선배들은 그 정도도 감사해야 한다고 말해 나를 놀라게 했다. 먹여 주고 재워 주는 것만으로도 감지덕지했다고 하니 제과제빵 일에 대한 열정이 없었다면 견디기 힘들었을 것이다.

고려대학교 안에 있는 빵공장에서 일하다 보니 대학생들을 볼 기회가 많았다. 도서관은 늦게까지 불을 환하게 밝혔고 밤늦게까지 공부하는 학생들을 보며 나도 모르게 부럽다는 생각을 하게 되었다. 고등학교 1학년 때 퇴학을 당하고 나서 제과학교

제1장 사람의 향기로 풍미를 더하다

에서의 1년 과정 외에는 나는 공부와 거리가 한참 멀었다.

명문대학교의 학생들이 공부하는 모습은 내 마음속의 배움에 대한 열정을 불러일으켰다. 가슴속에서 뭔가가 꿈틀거리며 올라왔다.

'아, 나도 공부하고 싶다!'

그때 대학까지는 아니더라도 최소한 고등학교는 졸업해야겠다고 결심했다.

나중에 알게 된 사실이지만, 큰형이 나를 그곳으로 보낸 데는 이유가 있었다. 공부하고 싶다는 생각이 자연스럽게 들도록 치열한 배움의 현장에 나를 투입했던 것이다. 정말 나에겐 아버지 같은 형이었다! 형의 계산은 딱 맞아떨어져서 나는 고대생들이 공부하는 모습을 보며 극도의 자극을 받았다.

망설일 이유가 없었다. 공부에 대한 열정이 솟구치자 나는 바로 신설동 검정고시 학원에 등록했다. 그때 당시 빵공장 안에 숙소가 있어 그곳에서 먹고 자면서 일했다.

새벽 서너 시에 일어나 오후 6, 7시까지 일하고, 고대에서 신설동 학원까지 뛰어가 공부하고, 수업이 끝나면 다시 안암동 합기도장까지 뛰어와 운동하고, 그리고 밤늦게 숙소로 돌아와 다시 공부했다. 잠자는 시간은 서너 시간에 불과했다. 1989년부터 1991년까지 나는 꼬박 3년을 그렇게 생활했다. 아마 내 인생에서 제일 열심히 살았던 때가 아니었나 싶다.

검정고시에 합격했을 때는 작은 성취감을 맛보았다. 자존감도 높아졌고, 무엇보다 인생의 귀중한 것들을 하나하나 내 손으로 획득하고 있다는 느낌이 좋았다.

변함없이 나를 믿어주고 흐뭇하게 바라보는 가족과 지인들의 시선도 좋았다. 미래를 향해 나아가는 한 걸음 한 걸음이 너무 소중한 나날이었다.

제1장 사람의 향기로 풍미를 더하다

일본에서 천직을
만나다

Premium quality

내가 인생을 스스로 개척하는 데 있어 어머니의 역할은 정말 컸다. 아픈 아버지 대신 시장터에서 갖은 허드렛일로 생활비를 벌었던 어머니의 모습이 나도 모르게 내 속에 각인이 되었던 것일까?

　아버지도 돌아가시고 학교에서도 쫓겨나고 어차피 나는 잃을 게 없었다. 빈손으로 세상에 온 이상 당당하게 삶에 도전해야 했다. 그렇게 사는 것이 나에게는 선택의 여지가 없는, 최선을 다하는 삶이었다.

　고려대 안의 빵공장에 다닐 때도 집이 멀지는 않았지만 집에서 출퇴근하지 않고 빵공장 안에 붙어있는 나무판자로 만들어 놓은 숙소에서 숙식을 해결했다. 내 입 하나라도 줄여야 어머니가 고생을 덜할 것 같았기 때문이다. 하루 종일 일하고 검정고시 준비까지 하는 어린 아들을 애써 외면하는 어머니를 볼 때면 마음이 더 아팠다. 한편으로는 어머니의 냉정함이 서운할

　　　　　　　제1장 사람의 향기로 풍미를 더하다

때도 있었지만 나는 어머니의 진심을 알고 있었기에 더 열심히 살았던 거 같다.

'아, 나는 앞으로 누구에게도 기대지 않고 내가 알아서 인생을 살아가야겠구나!' 어느 날, 무슨 일 때문인지 그런 생각을 한 것이 열여덟 살 때였다.

그때부터 경제적으로는 완전히 독립을 한 것과 다름없었다. 제과학교를 졸업한 후 누구의 신세도 지지 않고 직접 돈을 벌었으니 말이다.

그 후 나는 공수부대에 입대를 했다. 보통 사병들은 월 2만 원 정도의 월급을 받았지만 우린 생명수당이 있어 8~9만 원 정도 받았다. 그 돈을 아껴 저축, 제대 후 40만 원 넘게 모은 돈으로 운전면허 학원에 등록했다. 1종 면허를 땄는데, 나는 국내 면허를 국제 면허로 바꿨다. 일본으로 떠나기 위한 전초작업이었다.

당시 일본의 동경제과학교를 졸업하고 귀국해 '프랑세즈'라는 제과점을 오픈한 큰형의 친구가 있었는데, 한국제과고등기술학교의 선배라는 인연도 작용해 일본으로 떠나기 전까지 그곳에서 일하며 경험을 쌓을 수 있었다. 모양이 아기자기하고 섬세한 일본의 빵과 과자와 케이크에 나는 완전히 매료되었다. 지금은 큰 차이가 없지만 그때만 해도 10년 이상은 차이가 날 만큼 우리나라의 제과제빵 기술이 뒤처져 있는 걸로 느껴졌다.

나는 제과제빵 분야의 최고가 되고 싶었다. 비록 가진 건 없었지만 의욕만은 하늘을 찔렀다. 공수부대의 그 힘든 훈련을 모두 마친 나인데 두려울 게 뭐가 있었겠는가!

일본으로 떠나기 전날, 치바현에 도착하면 바로 일을 시작할 수 있도록 큰형이 미리 조치를 취해 두었다.

그렇게 일본에 도착하자마자 바로 다음 날부터 곧 일을 할 수 있었다. '도루치아 양과자점'이란 곳이었는데, 2층 숙소에서 먹고 자면서 낮에는 양과자점에서 일했다. 나리타공항 근처여서 매일 비행기가 뜨는 광경을 볼 수 있었는데, 그때마다 나는 '최고의 기술을 배워 멋진 모습으로 돌아가리라!' 다짐하고 또 다짐했다.

일본어를 먼저 배워야 했으므로 랭귀지 스쿨에 다니며 양과자점 일을 병행했다. 돈을 벌어 동경제과학교에 하루라도 빨리 들어가는 게 목표였다.

도루치아 양과자점에서 가장 인기 있는 제품은 밤으로 만든

제1장 사람의 향기로 풍미를 더하다

몽블랑케이크인데 도루치아의 몽블랑케이크는 맛과 모양이 아주 독특했다.

롤케이크를 재단해 눕히고 그 위에 무가당 생크림과 슈크림을 잘 혼합해서 산 모양으로 짜준 뒤 냉동고에서 굳힌다. 그 위에 마롱(밤)과 초콜릿, 흰 앙금의 배합을 해서 냉장고에 넣어뒀다가 냉기가 있을 때 꺼내어 얇게 밀어 펴서 산 모양으로 짜준 크림 위에 피를 씌우는 공정이었다. 몽블랑케이크는 도루치아 양과자점에서만 맛볼 수 있어서 일본 전역에서 손님들이 찾아와 앞다투어 사갈 정도였다.

몽블랑케이크는 짤주머니에 넣은 마롱(밤) 크림으로 둥글게 또 물결 모양 등으로 예쁘게 장식을 마치면 정말 먹음직스러웠다. 그림책 속의 바로 그 케이크를 상상하면 된다.

일본의 셰프들은 작은 과자 하나에도 혼과 정성을 담아 섬세하고 완벽하게 만들어 내는 것을 원칙으로 하고 있었다. 그리고 자신의 일에 대한 자부심이 대단했다. 빵 기술보다 내 눈에는 그런 점이 더 중요하게 포착되었다. 한국의 제과점에서는 좀처럼 보기 드문 모습이었다. 나는 그곳에서 일하며 빵 만드는 일이 나의 천직이라는 사실을 예감했다.

새벽 5시에 일어나 랭귀지 스쿨을 다녀온 후 양과자점에서 늦게까지 일했다. 쉬지 않고 휴일도 없이 그렇게 지냈다. 그런데 동경제과학교에 다니려면 어차피 도쿄로 나가야 하므로 6개월 정도 지난 후 양과자점 일을 그만두고 도쿄에 방을 구했다.

바퀴벌레가 출몰하는 낡고 작은 방이었지만 나에게는 너무나 소중한 보금자리였다. 감사하고 행복했다.

그런데 그곳에서는 일자리를 구하기가 너무 어려웠다. 제과점은커녕 식당 설거지 자리도 구하기 어려워 전단지 배포 일부터 시작했다. 나중에는 동경제과학교가 가까운 동네의 라면집에서 설거지도 하고, 중국식당과 야끼니꾸 식당에서 서빙도 했다. 그렇게 닥치는 대로 일을 해 동경제과학교에 입학할 수 있는 돈을 모을 수 있었다. 2년 동안 하루 2~3시간만 자며 미친 듯이 일을 해 모은 입학금이었다. 일본의 물가가 너무 비싸다 보니 제대로 못 먹어 삐쩍 마른 내 모습은 정말 말이 아니었다. 거기다 천식까지 와서 죽는 줄 알았다.

식당에서 아르바이트를 할 때 이런 일도 있었다. TV에서 '한일전' 축구가 방영되고 있었다. 승리는 한국의 것이었다. 그런데 그 일로 기분이 나빠진 식당 주인이 나를 해고했다. 정말 어이없는 일이었다.

갑자기 직장을 잃은 나는 그 다음 날 평소보다 더 일찍 일어나 도쿄의 이케부쿠로 전역을 하루 종일 자전거로 누비며 다녔다. 아르바이트 자리를 찾기 위해 100여 곳을 돌아다녀 겨우 일할 곳을 찾기도 했다. 그때는 돈을 벌지 않으면 먹고 잘 곳이 없으니 죽기살기로 일자리를 구할 수밖에 없었다. 오로지 간절함 하나로 버티던 시기였다.

일본인들의 차별이나 무시에도 나는 결코 지지 않았다. 왜냐하면 어떤 힘든 일이 있어도 다음날 아침에 해는 어김없이 떠오른다는 사실을 알고 있었으니까! 나는 나 자신을 믿었다.

나는 '동경제과학교' 학생인 내 모습을 떠올리며 그 모든 어려움을 이겨낼 수 있었다. 일을 마치고 동경제과학교에 가서 앞으로 내가 다닐 학교를 구경하는 것도 큰 즐거움 중 하나였다.

드디어 랭귀지 스쿨 과정이 끝나고 동경제과학교 시험을 보았다. 합격이었다. 일본에 온 첫 목표를 이룬 것이다.

그런데 하늘은 내게 그 학교에서 맘껏 꿈을 펼치는 걸 허락하지 않았다. 입학을 일주일 앞둔 어느날 친구를 돕다 사고가 생겨 입학이 취소되었고, 결국 불명예스럽게 귀국할 수밖에 없었다. 많이 억울하기도 하고 그간 고생했던 시간이 너무 아까워

발길이 떨어지지 않았지만 동경제과학교를 뒤로하고 돌아오게 되었다. 지금 와서 생각해 보면 그런 상황들이 있었기에 동경제과학교를 졸업한 유학생들보다 더 열심히 살려고 마음 먹었는지 모른다. 늘 내 인생에 굴곡이 있었지만 거기에 굴복하지 않고 전화위복으로 삼으며 더 열심히 살게 된 것 같다.

나는 최악의 상황이 벌어져도 늘 부정보다는 긍정을 택했던 거 같다. 1%의 긍정이 99%의 부정을 이길 수 있다고 믿기 때문이다. 단 이는 자기 자신을 정확히 알고 신뢰하고 있을 때 가능한 일이다.

제1장 사람의 향기로 풍미를 더하다

세상에서 가장 행복한
파티쉐

Premium quality

일본 동경제과학교에서 제과제빵 기술을 그토록 배우고 싶었으나 나의 꿈은 문턱 바로 앞에서 좌절되고 말았다.

큰형의 권유로 빵의 세계에 입문한 지 어언 30년, 나는 그동안 한 번도 다른 곳으로 눈을 돌려본 적이 없다. 파티쉐가 나의 천직임을 확인한 것만 해도 일본 생활은 의미가 있었다.

맛있는 빵을 만들고 있을 때가 제일 행복하니 사람에게 운명이 있듯 직업에도 운명이 있는 듯하다.

빵과 함께해 온 지난 30년이 항상 평탄한 것은 아니어서 마음속으로 눈물을 흘린 날도 많았지만 이 직업을 선택한 걸 후회해 본 적은 단 한 번도 없다. 내 인생에서 파티쉐라는 직업을 갖게 된 것이 가장 큰 행운이고 축복이라 여겼기 때문이다.

나는 고려당과 조선호텔 베이커리 사업부에서 책임자로 6년

제1장 사람의 향기로 풍미를 더하다

을 근무했다. 호텔 베이커리 팀에서 책임자는 대개 제품의 생산, 위생, 안전, 직원 관리 등을 총괄한다. 또한 직원들과 함께 제품생산에도 동참한다. 그곳에서 나는 목숨을 걸고 일을 했으며, 기술 습득은 물론 자기계발에도 최선을 다했다.

거의 목숨 바쳐 일했다고 자신 있게 말할 수 있을 정도이다. 책임자였지만 팀원들보다 두 시간이나 빨리 출근했고, 퇴근도 마찬가지였다. 팀원들이 퇴근하고 난 후 늦게까지 남아 연습하고 회사를 관리했다. 그렇게 남들이 10년 동안에 걸쳐 배울 일들을 4년 만에 마스터했다.

당시는 백화점 출근시간이 7시였다. 흑석동 집에서 천호동 현대백화점까지 왕복 3시간이 걸렸다. 일찍 매장에 도착해야 하니 무조건 첫차를 탔다. 마감시간은 8시 정도지만 주방은 6시쯤이면 일이 끝났다. 그러면 주방 식구들을 다 보내고 늦게까지 뒷정리를 끝내고 마지막에 퇴근했다. 제일 먼저 출근하면서 퇴근할 때 팀원들에게 먼저 등을 보인 적이 없었다.

한 세기가 바뀌는 2000년, 서른 살에 입사한 조선호텔 베이커리 사업부에서 근무할 때도 나의 일상은 마찬가지였다. 간혹 퇴근시간을 몇십 분 남겨두고 새로운 주문이 들어올 때가 있다. 그럴 경우 대부분의 사람들은 그 오더를 무시한다. 하지만 나는 팀원들을 설득해 마감시간에 임박한 고객의 니즈도 충족시켜 주었다. 퇴근시간이 늦어지는 대신 고객을 생각하면 얻는 즐거움과 보람이 분명히 있었다.

그렇게 쉬지 않고 앞으로만 달리던 나에게 잠시 쉬어가라는 뜻이었을까? 뜻하지 않게 큰 교통사고를 당했다. 6개월이나 병원에 입원해 있어야 할 정도로 팔과 다리를 다친 큰 사고였다. 불행 중 다행인 건 나만 다쳤고 함께 차에 탔던 이들, 특히 세미나를 위해 일본에서 온 셰프가 무사했다는 사실이다(나중에 나의 아내가 된 여성도 있었다).

더 큰 사고가 아닌 것만도 고맙고 살아있는 것만도 감사했지만 병원생활은 답답하기 짝이 없었다. 그보다 더 괴로운 건 심하게 다친 오른쪽 팔이 회복이 안 되어 빵을 만들지 못하게 되는 건 아닐까 하는 불안감이었다. 그 고민에 잠이 오지 않았다.

한 달만 더 치료를 받으면 되는 어느 날, 나는 마침내 병상을 박차고 나왔다. 재활치료까지 받으려면 한 달도 모자랄 게 뻔했다.

가족은 물론 직장에서도 난리가 났다. 나를 보고 미쳤다고 하

　제1장 사람의 향기로 풍미를 더하다

는 사람도 있었다. 그런데도 나는 막무가내였다. 일터로 돌아와 셰프복으로 갈아입자 안도감과 함께 행복이 밀려왔다.

물리치료도 제대로 안 받고 현장에 복귀하다 보니 몸이 성한 데가 없었다. 당시 너무 무리해서 일한 때문인지 지금도 다친 팔과 다리가 저릿저릿하고 다리 한쪽은 감각이 없다. 이 사실은 나를 잘 아는 지인들도 잘 모른다. 걱정할까 싶어 말을 하지 않았기 때문이다.

셰프복 사랑은 지금도 변함이 없다. 나는 셰프복을 입었을 때 가장 잘생겨 보이고 나답고 충만한 느낌이 든다.

지금도 그 차림으로 안 가는 곳이 없는데 해외 세미나에 참석할 때도 마찬가지다. 항공사의 승무원들 중에는 나를 알아보는 분들도 꽤 많다.

나는 기도하듯 매일 마음속으로 외친다. 나는 이 세상에서 가장 행복한 파티쉐라고…. 지금도 나는 내가 하는 일이 세상에서 가장 의미 있고, 중요하다고 생각한다.

나는 세상에 '멋있는 직업'이 따로 존재한다고 생각하지 않는다. 그 일을 '멋있게 만드는 사람'이 있을 뿐이다. 직업이 사람

을 멋지게 만드는 게 아니라 사람이 직업을 멋지게 만드는 것
이다.

　내 손에서 맛있게 구워져 나오는 빵과 그 빵을 맛있게 먹는
사람들을 보면 나는 행복하다. 내가 제과인으로서 사명감을 가
질 수밖에 없는 이유이자 의미이기도 하다. 천직은 하늘에서 내
려주는 것이 아니라 스스로가 애정을 가지고 자신의 직업에 대
한 본질을 구체적으로 이해해 나감으로써 만들어 내는 것이라
고 나는 생각한다.

또 하나의 운명을
만나다

Premium quality

살다보면 삶의 불공평함과 부조리함에 치를 떠는 순간도 더러 있지만, 또 반대로 공정함과 절묘한 주고받음에 두 손을 모으게 되는 순간들도 있다.

　전화위복(轉禍爲福)이라고 했던가?

　고려당에서 일하던 시절 일어난 큰 교통사고로 인해 나는 5개월이라는 긴 시간과 건강을 잃고, 소중한 것을 얻었다.

　지금도 오른쪽 팔이 불편하다. 한쪽 다리에는 감각이 거의 없다. 그런데 빵은 만들 수 있다. 그러니 얼마나 감사한가! 살아있다는 것에 감사해야 할 정도로 큰 사고였다.

　그런데 그 사고로 인해 의외의 인연이 생겼다. 한 여성이 나에게 다가온 것이다.

　당시 아내와 나는 정식으로 사귀는 단계는 아니고 호감을 살짝 품고 있는 정도였다. 지금으로 말하면 썸을 타는 관계라고 할까?

그녀는 함께 동승한 차가 사고가 나면서 나만 크게 다쳤으니 많이 놀라기도 하고 미안했던 것 같다. 사귀자는 말을 한 것도 아니고 본격적으로 데이트를 한 적도 없는데, 사고 후 그녀는 왕복 3시간이나 되는 직장과 병원을 매일같이 오가며 문병을 와주었다. 병원을 몇 군데나 옮겨 다니며 수술과 치료를 받았는데, 거기가 어디든 하루도 거르지 않았다.

나중에는 나도 모르게 그녀가 올 시간이 기다려지고 자꾸 창밖으로 눈길이 머물렀다. 보통 도착하는 시간에 나타나지 않으면 서운했다가 걱정이 되었다가 마음이 왔다갔다 했다. 그러다 그녀의 웃는 얼굴이 보이면 얼마나 반가웠는지….

'이 사람이 내 운명의 짝인가 보다!' 하는 확신이 어느 날 들었다. 오랜 병원 생활로 불안하고 지쳐 갔는데 먼 길을 마다않고 매일 나를 만나러 오는 사람이 있다는 사실이 큰 위로가 되었고, 또 보면 볼수록 그녀의 매력에 마음이 끌렸다.

사실 그 전까지만 해도 결혼을 하고 싶다는 생각은 구체적으로 해보지 않았다. 그보다는 안정적인 생활에 대한 막연한 동경만 있었을 뿐이었다.

'교통사고'는 그렇게 나와 아내를 사랑의 끈으로 묶어 주었고, 마침내 우리는 부부가 되었다. 그 일이 아니었다면 나는 결혼이 아주 늦어졌거나 우리는 그저 조금 아는 사이로 서로가 다른 길을 걷고 있을지도 모른다. 그러니 오른쪽 팔과 다리 한쪽이 아직 불편하지만 나는 그 사고를 원망하지 않는다.

'신은 한쪽 문을 닫으면 반드시 다른 문을 열어주신다'는 말에 고개를 끄덕이게 된다.

제1장 사람의 향기로 풍미를 더하다

당당하게 나의 길을
가다

Premium quality

인간이라는 존재는 여인숙과 같다.

매일 아침 새로운 손님이 도착한다.

기쁨, 절망, 슬픔

그리고 약간의 순간적인 깨달음 등이

예기치 않은 방문객처럼 찾아온다.

이렇게 시작하는 시가 있다. '루미'라는 고대 페르시아 신비주의 시인이 쓴 〈여인숙〉이라는 시인데 얼마 전 우연히 알게 되어 수첩에 옮겨 적었다.

매일 아침 도착하는 새로운 손님은 좋은 사람 나쁜 사람을 망라한 사람이기도 하고, 인생의 희노애락이기도 할 것이다.

나이가 들수록 삶은 만만한 것이 아니라는 생각을 더욱 하게 된다. 그토록 사람을 좋아하고 많은 사람과 더불어 사는 것이 즐거운데도 절망과 슬픔 등 예기치 않은 방문객에 깜짝깜짝 놀

제1장 사람의 향기로 풍미를 더하다

라게 된다.

　서른 살에 조선호텔 베이커리에 입사하여 기쁜 일도 많았지
만 가슴 아픈 일도 많이 겪었다. 해당 사업부의 스카우트 제의
를 받고 응한 것뿐이었는데 낙하산 인사로 오해를 받은 것이다.
다른 이들과 똑같이 면접을 보고 실기 테스트를 거쳐 들어왔건
만 외부 어딘가에서 굴러온 돌이라고 오해한 것이다. 나는 그런
시선을 모르는 바 아니었으나 별로 신경 쓰지 않았다. 내 실력
으로 모든 의혹을 잠재울 수 있다는 자신감 때문이었다.

　직속 상사였던 E부장이 유독 나를 싫어해서 해고의 명분을
찾기 위해 호시탐탐 기회만 엿보았다. 나를 스카웃했던 상무님
은 어려운 상황을 내가 잘 극복하기만 바라며 안타까운 눈으로
지켜보았다.

　백화점에는 층마다 팀장 MD가 있다. 어느 날 식품 팀 직원이
모카빵을 샀는데 빵에서 나사가 나왔다고 하여 회사가 발칵 뒤
집혔다. 반죽기는 통으로 된 상태에서 작업시에는 통 자체가 돌
아가게 되어 있다. '훅'은 가만히 있는 상태인데 나사가 나왔다
는 건 '훅'에 있는 나사를 일부러 뺀 것이라고 보면 된다. 하필

이면 같은 회사 직원이 구입한 빵에서 나사가 나왔다는 건 충분히 의심할 만한 상황이었다. 그 일로 나는 다른 곳으로 옮겨 가야 했다. 나는 함께 온 후배들과 반죽 담당 직원에게 피해를 주고 싶지 않아 전보 발령을 자처했다.

시간이 지나면 모든 사실이 밝혀질 것이라 믿고 태연하게 행동했지만 사실 너무나 괴로웠다. 제과학교의 후배이자 친구가 나를 찾아왔을 때 억울함을 토로하다 그만 울음을 터트리고 말았을 정도였다. 사표를 쓰고 싶었지만 그런 상황에서 그만둬 버리면 평생 패배자가 될 것 같아서 꾹 참았다. 실력을 인정받고, 회사에 절대 없어서는 안 되는 사람이 되고 난 후 사표를 내고 싶었다.

잘못도 없이 내가 모든 것을 끌어안았다. 후일을 기약하며 신세계백화점 본점에서 상봉동 이마트로 옮겨왔는데도 시련과 수모는 계속되었다.

'인사고과' 결과 C라는 평점을 받았다. 도저히 받아들일 수 없는 결과였다. 하루 18시간 일하고, 근무지의 문제점들을 바로 잡기 위해 시간 절약상 인근 모텔에서 두 달을 지냈다. 비용도

제1장 사람의 향기로 풍미를 더하다

내가 냈다. 그렇게 뼈가 부서지도록 일했는데도 난 여전히 '낙하산'의 혐의에서 벗어날 수 없었다.

그때 나는 뼈저리게 느꼈다.

'이게 바로 사회로구나, 삶이로구나!'

그때 나는 다짐했다. 직장 상사가 되든지 오너가 되든지 이제까지 본 적 없는 멋진 리더가 되기로!

당시 내가 가장 먼저 할 일은 인사고과에서 A를 받는 일이었다. 자존심이 상해서 견딜 수가 없었다. 매출을 확 올리고 좋은 평점을 받으려면, 결국 나의 것으로 승부를 볼 수밖에 없었다. 나의 최고 장점은 무엇인가? 사람들과 소통하는 능력이었다.

제일 먼저 함께 일하는 직원들과 잘 지내고, 원가 관리, 고객 관리, 매출관리를 철저히 했다. 어느 매장에 가든 두 달 안에 근무 분위기가 확 바뀌고 매출이 올랐다.

생산성을 높이고 매출을 올리려다 보면 업무시간이 길어질 수밖에 없었는데 직원들의 연장근무를 인정해 달라고 한 나의 제안은 가볍게 묵살되었다.

'출퇴근시간 안에 최대한 많은 일을 해서 매출은 극대화하고, 재료는 가능한 한 적게 쓰는 것'이 오너나 상사가 원하는 것이었다. 여러 가지 현실의 쓰라린 자각은 나에게 또 다른 관리 마인드를 갖도록 하는 계기가 되었다.

　그렇게 해서 고심 끝에 내가 만든 새 메뉴가 프렌치바게트(당시엔 '후렌치바게트')였다. 앞에서 얘기했지만 상봉점의 하루 매출은 250~300만 원 정도였는데, 프렌치바게트를 새로 출시하면서 두 배를 가볍게 뛰어넘었다. 결국 프렌치바게트는 정식 메뉴로 인정받아 전국의 매장에서 날개 돋친 듯 팔려나갔고 회사 매출 상승에 크게 기여했다.

　중요한 것은 나의 실력이고 구체적인 실적이다. 직장생활에서는 그것이 나의 무기가 된다. 거기에 사람들을 소중히 여기고 소통능력까지 가세하면 날개를 단 것이나 마찬가지다.

　프렌치바게트를 만든 이후 직장 내 나의 위상이 변했다. 나를 믿고 따르는 사람들이 늘어났고 E부장이 나를 바라보는 눈빛도 눈에 띄게 달라졌다.

　나는 인사고과에서 A를 받았고 얼마 후 당당하게 사표를 냈다. 그리고 사람들의 만류를 뒤로하고 진정 내가 원하는 꿈을 향해 회사를 떠났다.

　제1장 사람의 향기로 풍미를 더하다

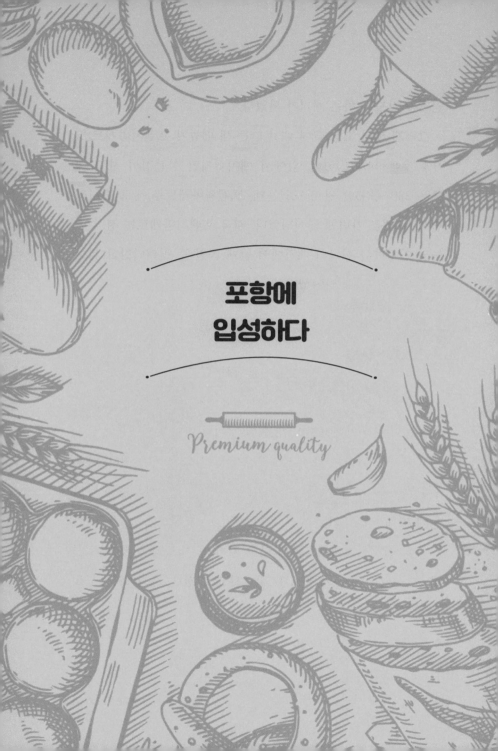

포항에
입성하다

Premium quality

고려당에서 일할 때 나는 월급의 80%를 적금에 들었다. 언젠가 나의 꿈을 펼칠 수 있는 베이커리를 오픈하기 위한 준비였다.

차비를 제외한 나머지 용돈도 같이 일하는 직원들 술이나 밥을 사는 데 대부분 썼다. 더 많이 사줄 수 없는 것이 아쉬웠고, 어디서든 인색하다는 소리는 듣고 싶지 않았다.

조선호텔 베이커리 사업부에 책임자로 스카우트될 때 내 나이는 서른이었는데 입사하고 보니 대부분 나보다 나이가 많았다. 열 살 이상 차이가 나는 사람도 적지 않았다.

그렇지만 나는 크게 고민하지 않았다. 평소 사람을 대하는 내 스타일대로 솔직하게 다가갔다. 직급이 낮아도 나보다 나이 많으면 "형"이라 부르고, 일 대 일로 만나 밥도 먹고 하다 보니 직원들 간의 소통에는 별 문제가 없었다(그런데 직장 내 인간관계와 달리 상사들이나 업무와 관련해서는 여러 가지 문제가 발생했다).

제1장 사람의 향기로 풍미를 더하다

지금도 내가 제일 자신하는 것은 인간관계에 있어서의 원활한 소통이다. 내가 가야할 방향성이 정확하다면 함께 공유해서 같은 방향을 보고 갈 수 있는 조력자를 만드는 것이 진정한 리더이자 리딩자라고 생각한다. 그리고 이 과정에 꼭 필요한 것이 바로 '소통'이다.

내가 사업자등록을 하고 연고도 없는 대구로 내려가게 된 것은 큰형과 연관이 있다. 사업자금으로 모은 내 돈을 큰형이 대구의 지인에게 빌려주라고 해서 건네주었는데 상황이 안 좋아져 내 돈을 갚지 못하게 된 것이다. 대신 그가 하던 베이커리 매장을 내가 맡아 하면 안 되겠느냐는 제안을 받았다. 갑작스러운 일이었지만 심사숙고 후에 나는 수락했다. 낯선 곳이지만 혼자 베이커리를 운영할 수 있다는 자신감이 있었고 지금이 그때라는 확신이 든 것이다.

대구라는 낯선 지역에서 새로운 생활을 펼치게 된 것이 꼭 좋기만 한 것은 아니었지만 새로운 환경과 만나게 될 사람들이 궁금해서 가슴이 설레였다. 이미 근무하고 있던 매장 직원들을 잘 보듬어 안심하고 일할 수 있는 환경을 만드는 일이 급선무였다. 한 명 한 명의 심성을 체크해 그들 각자에 맞는 소통 방식으로 대했더니 문제될 것이 별로 없었다. 작은 가게였지만 나는 그렇게 새로 만난 사람들과 마음을 합쳐 과자와 빵을 굽고 매출을 착실히 늘려 나갔다. 4년이 금방 지나갔다.

어느 날, 포항에서 '마인츠돔'이라는 큰 베이커리를 운영하는 지인으로부터 연락이 왔다. 생산 파트의 직원이 7명, 매장 직원이 3명인 곳이었다. 그 매장을 맡아 해볼 생각이 없느냐는 것이다. 그런데 당시 운영하던 대구 베이커리도 규모는 작지만 고객이 늘어나고 있고 안정적으로 기반이 잡히고 있었기에 조금 망설였다. 하지만 4년 전 서울을 떠날 때처럼 과감하게 결정을 내렸다.

포항에서 첫손 꼽히는 맛있는 빵집, 한스드림베이커리는 2007년 그렇게 탄생했다.

지금 우리 매장에서 일하는 식구는 30명 정도이다. 제품의 종류도, 매장의 크기도, 매출액도 대구 때와는 비교도 안 될 정도로 성장했다.

주변에서는 나에게 성공했다고도 이야기를 하지만 나는 '성

　　　　　　　　　　제1장 사람의 향기로 풍미를 더하다

공'은 성장하는 과정 속에 포함되어 있을 뿐 '결론'은 아니라고 생각한다. 그리고 지금의 성공은 나 혼자 이룬 것이 아니다. 나를 믿고 따라준 한스드림의 모든 직원들과 우리 빵을 사랑해준 고객들과의 합작품이라고 생각한다.

우리 빵집의 슬로건은 '지식경영과 나눔경영을 실천하는 글로벌 휴머니즘 베이커리'이다. 써놓고 보니 좀 거창한 감이 있지만 그만큼 한스드림의 꿈과 미래는 원대하다.

이렇게 딱 한마디로 표현하면 어떨까?

'맛과 영양과 고객을 생각하는 세계 최고의 베이커리를 꿈꾼다!'

제1장 사람의 향기로 풍미를 더하다

제2장

·행복한 파티쉐가·
간다

비우고 나누면
향기가 난다

Premium quality

빵 만드는 법을 배우고 실습을 위해 현장에 나갔을 때, 그리고 새로운 일터에 옮겨갔을 때 마음속으로 품은 의문이 있었다.

기술이나 자신만의 노하우를 제대로 가르쳐주는 선배가 드물었다. 재료의 정확한 계량이나 발효, 숙성, 성형, 오븐의 적정 온도까지 차근차근 가르쳐주는 것이 아니고 알아서 하라는 식이어서 눈치껏 익히느라 속이 타들어갔다.

일본에서 직접 목격한 도제 과정을 확실히 밟는 일본 제과제빵계의 시스템과 정신이 나는 너무 부러웠다. 그때 다짐한 게 있다. 내가 먼저 열심히 배워 후배들에게 잘 가르쳐줄 수 있는 선배가 되자는 것이었다. 선배라고 상사라고 오너라고 절대 으스대지 말고 후배들에게 부끄럽지 않게 최선을 다해줄 수 있는 선배가 되어주자고 늘 마음속 깊이 나 스스로에게 주문했다. 그런 마음을 나는 지금까지도 잊지 않고 실천하고 있다.

기술이나 학문은 나만을 위해 습득하고 배우는 것이 아니라 누군가에게 나눠주기 위해 배우고 익힌다고 나는 생각한다.

나를 중심으로 세상이 돌아가지는 않는다. 나는 소중한 존재이지만 세상을 이루는 구성원이라는 사실을 잊지 않으려고 한다.

올라갈 때가 있으면 언제든 내려갈 수 있다는 말이다. 그러므로 늘 나를 낮추고 겸허함을 잃지 말아야 한다. 튼튼한 아파트를 지으려면 기초공사가 탄탄해야 하는 것처럼 빵을 만드는 일도 인생을 사는 일도 기본기가 튼튼해야 흔들림이 없다.

자신만 알고 욕심이 많은 사람들은 특징이 있다. 기본에 충실하지 않고 과정도 중시하지 않으면서 눈에 띄는 결과물만 원한다는 것이다.

유명한 빵집들의 빵을 흉내 내어 만들 줄만 알지 자신있게 소개할 수 있는 자신만의 특화된 제품을 선보일 수 있는 셰프들이 많지 않은 것이 현실이다. 매장을 운영할 때도 마찬가지다. 매출이 높아지면 더 확장하고 싶은 순간들이 생긴다. 하지만 아무리 장사가 잘되어도 충분한 준비가 되어 있지 않은 상황에서 무리하게 확장을 시도하다 보면 한순간에 추락할 수도 있다.

빵집에서 가장 중요한 것은 빵이다. 자신의 기술적인 역량과

제2장 행복한 파티쉐가 간다

매장 운영기법들을 끊임없이 연구하고 궁리하는 자세가 초심
을 잃지 않는 매우 중요한 포인트이다.

개점 후 어느 정도 시기가 되면 매장이 성장하기 시작할 것
이다. 물론 열심히 했을 때의 이야기다. 그런데 이때 중요한 것
이 있다. 체격을 키우기 전에 체질 개선에 주력해야 한다. 그 위
치에서 최대한 내실을 갖추는 것이 먼저다. 그리고 내실이 어느
정도 다져졌을 때 과감하게 자신의 뜻을 펼쳐보는 것이 좋다.
목표는 반드시 필요하나 그것을 이루기 위해서는 준비와 구체
적인 과정들이 탄탄해야 한다.

그런데 많은 사람들이 그걸 모른다. 잘나갈 때는 특히 그렇
다. 내가 잘났고 삶이 계속 탄탄대로일 거라 생각하고 우쭐거
린다.

늘 최고 품질의 옥수수를 생산하는 농부가 있었다. 농작물 품평회
나 전시회가 열릴 때마다 그의 농산물에 대한 평가는 항상 1등이었
다. 부지런하기도 하거니와 매년 좋은 씨앗을 파종했기 때문이다. 그
런데 그는 좀 이상했다. 그 씨앗을 언제나 이웃들에게 흔쾌히 나누어

주었다. 사람들이 물었다.

"1등을 하자면 그 좋은 씨앗은 혼자만 가지고 있어야 하지 않나요? 최고 품질의 씨앗을 이웃들에게 다 나누어 주면서도 1등을 하는 비결이 뭔가요?"

농부는 말했다.

"주위 밭에서 농약을 뿌리면 내 밭에도 농약이 묻는 법입니다. 이웃에 나쁜 품질의 옥수수가 있다면 내 옥수수 밭에도 그 꽃가루가 바람을 타고 날아들어 수분이 됩니다. 결국에는 내가 키우는 옥수수의 품질도 나빠지게 되지요. 최고 품질의 옥수수는 모두가 좋은 품종의 옥수수를 키울 때만 가능합니다."

인터넷에서 〈배려와 사랑〉이라는 제목으로 많이 보이는 글이다. 나도 가끔 궁금하다. 굉장한 기술과 노하우를 가진 것처럼 뽐내며 절대로 그것을 나누려고 들지 않던 그 옛날 선배들은 어떤 길을 걸어갔을까?

나 혼자 잘되려 하기보다는 함께해야 하고 나누며 살아갈 때 우리는 더 행복해질 수 있다. 빵을 만드는 일이나 경영도 마찬가지다. 성공의 좋은 씨앗을 나누면 좋은 열매로 다시 되돌아온다.

주위가 향기로우면 나도 그 향기에 물든다.

삶은,
결국 '사람'이다

Premium quality

나는 욕심쟁이다. 특히 맛있는 빵 개발과 사람에 대한 욕심이라면 누구에게든 지지 않을 자신이 있다.

　사람들은 내가 왜 그렇게 사람을 좋아하는지 궁금해 한다. 나름대로의 이유야 있겠지만, 나는 천성일 거라고 생각한다. 사람의 성향은 자기가 자라온 환경에서 비롯되는 것이기도 하니까.

　어릴 때부터 내 사회성을 길러주고 사람의 소중함을 가르쳐준 인생의 멘토는 큰형님이다. 아버지가 돌아가셨을 때 이미 30대 초반이었던 형은 말썽만 피우며 밖으로만 나도는 어린 동생을 포기하지 않고 빵의 세계로 인도했다. 형은 늘 자신보다는 가족과 친구를 먼저 생각하는 사람이었다.

　그런 형을 닮았는지 나에게도 항상 '사람'이 먼저였으니, 이것이 나의 가장 중요한 인생철학이라고 할 수 있다.

　'삶이 무엇인가를 생각하던 중 삶을 조금 내려놓으니 사람이 보인다'는 글을 읽은 적이 있다. 사람은 삶의 준말이다. 우리의 삶은 사람과의 관계로 이루어져 있다. 가장 아픈 상처도 사람으로 인하고, 가장 큰 기쁨도 사람으로부터 온다. 삶은 사람이다.

중요한 것은 누구를 만나는지에 따라 삶이 달라진다는 사실이다. 이제껏 만나온 사람들, 지금 내가 만나고 있는 사람들이 미래의 내 모습을 결정짓는다. '나의 잠재력을 수면 위로 끌어올려 줄 수 있는 좋은 사람들'은 멀리 있지 않다. 바로 내 앞에 있는 그 사람이다. 그러니 내가 먼저 좋은 사람이 되어야 한다. 그래야 더 좋은 사람들을 만날 수 있다.

나와 함께 같은 길을 걸어가는 선후배들은 나에겐 각별한 존재가 아닐 수 없다. 사람을 겉으로 판단하고 눈앞의 이익만 추구하다 보면 중요한 것을 놓치게 된다는 사실을 나는 그들과의 관계를 통해 뼈저리게 느꼈다. 양보하고 손해를 감수하면 더 좋은 것들이 되돌아온다.

사람의 중요성을 모르면 제대로 된 경영을 펼치기도 어렵다. 직원에게나 고객에게나 마찬가지다. 사람을 소중히 여기는 사람만이 언제 어디서라도 자기를 굳건히 지킬 수 있다.

어떻게 하면 매출을 올릴 수 있는지에 대해 동종업계에서 함께 활동하고 있는 선후배들에게 종종 질문을 받곤 한다. 그때마다 나는 "사람들의 마음을 사로잡을 수만 있다면 매출은 자연스럽게 따라오기 마련"이라고 말한다. 그러면 그들의 얼굴엔 실망한 표정이 역력하다. 원하는 대답이 아니어서 그럴 것이다.

예전이나 지금이나 나는 국내외 빵집을 돌아다니며 트렌드를 체크하고 인재들을 발굴한다. 예전과 달라진 게 있다면 사람을 연결해 주는 커넥터로서의 일도 하고 있다는 점이다. 그 결과 국내는 물론이고 중국, 대만, 필리핀, 말레이시아, 일본, 싱가포르, 태국, 미국, 유럽 등 다양한 나라와 인적 네트워크가 형성되어 국내외의 제과인들은 물론 해외의 제과인들끼리도 연결해 주고 있다.

한스드림에서 나와 함께 일하는 식구는 30명 가까이 된다. 나는 그들의 일터를 세상에서 가장 행복한 공간으로 만들어 주고 싶다. 그것이 나의 희망이자 꿈이다.

'사람'은 평생 나의 연구 대상이었고, 앞으로도 내 삶을 움직이는 동력이다. 나의 삶은 내가 굽는 빵과 사람의 향기로 나날이 더욱 깊어질 것이고 앞으로는 더욱 더 세상을 가득 채울 것이다.

꿈은 생생할수록
현실이 된다

Premium quality

태양과 바람, 둘 중 사람의 옷을 벗길 수 있는 것은 강한 바람이 아니라 따뜻한 햇볕이다. 인생도 그렇다. 따뜻한 사람을 만나는 게 가장 큰 행운임을 나는 믿어 의심치 않는다. 동시에 나 역시 누군가의 '가슴'을 따뜻하게 해줄 수 있는 사람이 되었으면 좋겠다고 생각한다.

　나는 내 주변 사람들과의 인연을 소중히 간직하면서 이어오고 있다. 모든 건 선순환이다. 내 주변 사람들과 함께 또 그 옆의 다른 이들에게 사랑을 전달한다면 사회가 훨씬 더 따뜻해지지 않겠는가?

　누구든 먼저 양보하고 주변을 돌아볼 줄 아는 사람들을 많이 만났으면 좋겠다. 그래야 인생이 풍요로워진다.

　세상에는 멋진 이들이 너무도 많다. 그중에서도 나에게 영향을 많이 준 '데일 카네기 최고경영자' 과정에서 만난 이들이 기억에 많이 남는다. 그들은 제과인으로서의 나를 한 단계 업그레

이드시켜 주었다. 나 자신도 원래 열정이 많긴 했지만, 그것에 불씨를 지펴준 것이다.

교육과정 내내 많은 대화와 토론, 그리고 앞다투어 의견을 제시하고 공감을 이끌어내는 과정에서 수업이 풍요로워지고 관계가 돈독해짐을 느낄 수 있었다. 많은 AMP(최고경영자) 과정을 수료했지만 유독 '데일 카네기 최고경영자' 과정에 마음이 가는 이유는 진솔하고 상처를 보듬어주는, 서로가 서로를 치유해준 소중한 시간이었기 때문이다. 그렇다 보니 나의 마음 속에는 카네기 정신이 항상 함께하고 있다.

몇 년 전 스리랑카 윈스톤그룹의 '글로벌 제과제빵학교'에서 스리랑카의 제빵인들에게 강의를 해달라는 연락이 왔다. 나는 기쁜 마음으로 객원교수의 역할을 수락하고 수행했다. 한편으로 생각하니 너무 감사했다. 내가 그리던 꿈이 현실이 되어 나타난 것이다.

나에게 배웠던 스리랑카 제자들이 전 세계로 취업을 나가게 된다니 내가 한 일에 비해 결실이 너무 빨라서 놀랍기도 했다. 나는 그들 모두가 세상에 나가 실력을 인정받고 좋은 대우를 받으며 행복하게 살기를 기원했다.

최근 한 호텔에서 셰프들과 호텔리어를 대상으로 강의를 했다. 그들에게 나는 큰 꿈을 가지되 그 꿈을 쪼개어 하나하나 착실히 준비해 나가야 한다고 당부했다.

나는 직원을 채용할 때도 빵 만드는 일, 혹은 빵 자체를 좋아하는지, 꿈이 있는지를 먼저 물어본다. 이 일은 힘들어 중간에 포기하는 사람이 많기 때문이다.

일을 하다 보면 누구에게나 힘든 시기가 닥친다. 그때 어려움을 극복하고 미래를 향해 계속 나아갈 수 있는 건 자신의 확고한 꿈과 목표다. 그것이 있어야 어려운 시기를 버틸 수 있는 것이다.

꿈이 없는 친구들을 보면 너무 안타깝다. 자신이 원하는 삶을 살고 싶으면 매일 자신의 꿈을 머릿속에서 그림으로 그려야 한다. 내가 꾸는 그 생생한 꿈이 먼 미래, 나의 현실이 되는 것이다.

20대나 30대에 자기를 확립하고 바로 설 수 있는 사람만이 장년이나 노년에도 그렇게 살 수 있고 누군가의 멘토가 될 수 있다. 꿈이나 목표가 없다면 간신히 생계를 유지하는 삶에 머무르고 말 것이다. 이 변화무쌍하고 험난한 세상에서 우리는 어떻게 살아남을 것인가?

제2장 행복한 파티쉐가 간다

'꿈'이 있는 사람들은 진정 사람을 사랑할 줄 안다. 하지만 '꿈'이 없는 사람들에게는 '꿈'도 배신을 해서 마음을 뒤집는다. 그러면 '꿈'이 거꾸로 바뀐다.

꿈이 없으면   삶에 무릎을 꿇는다.
(꿈이 없는 사람들의 흡사한 공통점은 쉽게 지친다는 것이다)

카카오톡의 이모티콘처럼 보일 수도 있지만 '꿈'을 뒤집으면 사람이 팔을 벌리고 무릎을 꿇고 있는 형상이 되는 것이다. 결국 꿈이 없는 사람은 자칫 잘못하면 자신의 삶에 있어서 무릎을 꿇고 마는 상황에 이를 수도 있다는 의미이다. 이는 내가 만들어낸 '꿈'에 대한 또 다른 관점이다.

제2장 행복한 파티쉐가 간다

죽순의 시간,
대나무를 꿈꾸다

Premium quality

경력보다 중요한 건 내가 어떤 생각을 하고 어떤 자세로 일에 임하느냐이다. 현재에 안주하지 않고 다음 단계를 준비하는 자세는 내 일에 대한 주인의식이 없으면 불가능하다. 좋은 결과물을 얻으려면 충분한 고뇌와 숙성의 기간이 꼭 필요하다.

좋은 와인은 오랜 숙성기간이 필요하듯, 좋은 맛을 내는 빵을 만들기 위해서는 긴 기다림과 믿음의 시간을 거쳐야 한다. 인생을 살아갈 때도 자신의 꿈이나 목표를 이루기 위해 충분한 준비와 숙성의 시간이 필요하다. 막연히 꿈만 꾸고 있어서는 기회를 얻을 수 없다. 꾸준히 준비하고 노력하고 공부하지 않으면 기회는 오지 않는다.

기회는 준비된 사람만이 거머쥘 수 있다. 철두철미하게 미래를 대비하고 계획해야 한다. 빵 반죽의 숙성이란 조금씩 부풀며 찰기를 더해가는 과정이다. 사람도 자신의 내면과 대면하며 속으로 깊이 침잠하는 시간이 필요하다. 숙성의 시간이란 결국 침

잠의 시간, 단절의 시간, 내적 고요의 시간인 것이다.

대나무는 씨앗을 심은 후 첫 4년 동안 죽순만 하나씩 돋아난다. 죽순이 땅 위로 자라는 동안 땅 속으로 뿌리가 깊게 내려 튼튼한 나무가 된다. 그리고 마침내 5년째 되는 해에 1년 만에 무려 25m나 자란다. 엄청난 도약이다. 대나무에게 4년이란 시간은 결코 헛된 시간이 아니라 25m를 자라기 위해 자신을 가다듬고 준비하는 시간이다.

또 대나무의 굵기는 죽순의 굵기에 따라 좌우된다고 한다. 죽순의 시기를 지나 대나무가 자라기 시작하면 더 이상 굵어지지 않는다는 말이다. 이는 죽순으로 있는 시기가 대나무의 쓰임새를 결정한다는 의미이다.

자신을 다듬는 그 침잠은 대나무의 4년처럼 무위도식의 시간처럼 지루하게 느껴지기도 하겠지만, 사실은 크게 도약하기 위해 웅크린 소중한 시간이다.

제과 일을 하면서 인상 깊게 들었던 이야기 중 하나는 '현 단계에 머무르지 말고, 그 다음번에 올라갈 단계를 항상 준비하라'는 어느 선배의 말이었다. 평소에도 나는 '지금 내 모습은 작고 초라해 보일지라도 지금이 내 모습의 전부는 아니'라고 믿었다. 30여 년 간 제과제빵 일을 하면서도 늘 조금씩 성장해 나가는 내 모습을 상상하면서 미래를 위해 하루하루 준비를 게을리 하지 않았다.

독일의 철학자 니체는 말했다.

"언젠가 날기를 원한다면 먼저 일어서고 걷고 기고 껑충거리는 것을 배워야 한다. 준비 없이 날 수 있는 사람은 없다."

성공하려면 준비와 노력이 필요하다. 준비와 노력이 없으면 성공도 행복도 없다. 성공이나 행복은 어느 날 우연히 찾아오는 게 아니기 때문이다.

이 세상에서 내가 원하는 삶을 살고 싶다면 지금 바로 돌 하나를 들고 징검다리를 놓기 시작해야 한다.

아시아 챔피언,
제빵 외교관이 되다

Premium quality

2011년 5월, 나는 중국 광저우에서 열린 '제빵월드컵 아시아 대회'에 국가대표로 출전해 우승을 차지했다(덕분에 이듬해 열린 '프랑스 세계제빵월드컵'에 국가대표 기능장으로 나갈 수 있었다).

부산에서 '꿈꾸는 요리사'라는 베이커리를 운영하는 순헌 형이 제일 먼저 국가대표에 발탁되었는데 고맙게도 나에게 함께 나가자고 제안을 해준 것이다. 나는 기쁘게 그 제안에 응했다. 어쩌면 기회는 준비된 자에게만 오는 건지도 모른다.

우리나라는 2003년부터 '제빵월드컵 아시아대회'에 출전했는데 그동안 일본과 대만이 우승을 독점해 왔다. 그런데 9년 만에 처음 우리나라가 우승을 차지해 제빵 대국의 반열에 오를 수 있었다.

2016년에는 드디어 한국의 제빵사들이 사상 처음으로 제9회 프랑스 세계제빵월드컵에서 우승을 차지해 한국의 빵을 전 세계에 알리는 혁혁한 공을 세웠다. 지금도 잊을 수 없는 후배들

　　　　　　　　제2장 행복한 파티쉐가 간다

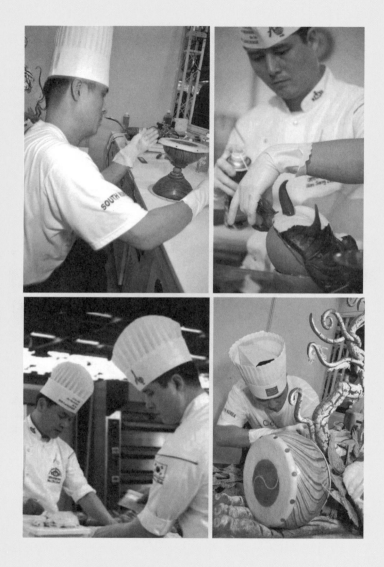

의 자랑스러운 모습이다.

국가대표가 되려면 실력은 물론 자금력도 있어야 한다. 하고 싶다고 할 수 있는 게 아니다. 여러 가지 요소가 맞아떨어져야 한다. '제과 기능장'이 되면 조금 더 유리하다. 제과 기능장이 안 되더라도 선발전에 참여할 수 있다. 서울 코엑스에서 개최되는 '베이커리페어'나 'SIBA'에서 발탁이 되면 출전할 수 있다.

대회에 대비해 우리 팀 세 명은 몇 달 동안 맹훈련을 했고 예선전에서 일본과 함께 공동우승을 했다. 우리나라에 '제과협회'가 생긴 이래 예선전에 우승해서 본선에 진출한 팀은 우리밖에 없었다. 세 명이 한 팀으로 구성되어 대회를 치르는데 나와 같은 팀을 이룬 선배와 친구가 실력이 뛰어나 좋은 결과를 얻을 수 있었다.

프랑스는 빵문화의 종주국이라 할 수 있다. 심사위원은 거의 다 유럽의 셰프들이다. 여러 부분에서 철저히 교육을 받지 않으면 안 된다. 전통 바게트, 비에노와즈리(브리오쉬 페스추리 제품), 빵공예 등 세 파트로 나뉜다. 자기 나라의 상징물을 만들어야 하는데 빵으로 만든 작품을 보고 바로 그 나라를 연상할 수 있어야 한다.

우리 팀은 가장 한국적인 걸 생각하다가 장구와 인삼 모양을 떠올렸다. 나는 평면 공예만 해봐서 빵공예 쪽에 자신이 없었는데 팀을 잘 만나 좋은 아이디어를 떠올릴 수 있었다.

대회를 준비하면서 처음으로 '입상형 빵공예'를 배우기 시작했다. 대구에서 함께 모임을 하던 후배가 퇴근 후 거의 한 달 동안 잠도 한두 시간밖에 안 자고 내 옆을 지키며 가르쳐주었다. 그렇게 해서 단기간에 빵공예 기술을 배울 수 있었다.

장구와 인삼 디자인은 또 다른 친구에게서 헌신적인 도움을 받았다. 연월차를 다 써가며 내 일을 도왔다. 우리는 여러 차례 변화를 주면서 아이디어를 교환했고, 마침내 어렵게 빵공예에 대한 구상을 마칠 수 있었다.

제빵월드컵 대회의 국가대표 팀 동료이자 친구인 칠석이도 소중한 인연으로 만났다. '기능장' 동기에다가 나이도 같아서 더 깊은 동질감을 느낄 수 있었다.

평소 좋은 인연으로 지내고 있는 선배 재은 형은 내가 국가대표가 되었다고 하니 자신이 단장을 해주겠다고 했다. 재은 형은 두 번이나 국가대표로 대회에 나간 경험자였다. 기술도 기술이지만 대회장에서 긴장하지 않고 실력을 제대로 발휘하는 것

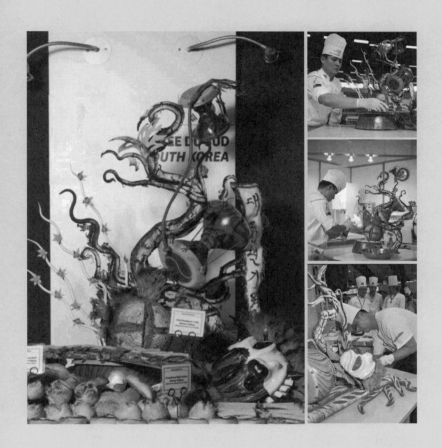

이 중요한데 형은 그 부분까지 신경을 써주었다.

　제빵월드컵 아시아대륙 예선전이 펼쳐진 중국 광저우의 갈
라 디너쇼에서 알게 된 일본의 셰프 노가미 형은 대만의 제빵
인들에게 기술을 전수해 제빵 강국으로 만든 대만의 제빵 영웅
이다. 나는 노가미 형을 무척 좋아한다. 대만에서 매장을 네 군
데나 운영하고 있는 형은 동남아시아에서 활발하게 기술세미
나를 진행하면서 동남아의 제빵 문화를 업그레이드시키는 역
할을 하고 있다.

　노가미 형 덕분에 많은 사람들을 알게 되었고 새로운 재료도
많이 접하게 되었다. 대표적인 게 바로 저감미당(트레할루스)이
다. 형의 가게에서 일할 때 그 재료를 쓰는 걸 처음 보았다. 저
감미당은 전문가들만 다루는 특별한 재료이다. 밀가루 1kg에
설탕 100g을 넣을 것 같으면, 설탕 70g을 넣고 저감미당 30g을
넣는다. 그러면 당도는 낮아지면서 달콤하고 시원한 맛이 난다.
혈당이 안 올라가니 건강에 좋고 보습효과가 뛰어나 빵의 신선
도도 연장시킨다.

　프랑스 제빵월드컵 본선대회에 바게트 담당으로 출전해 대

만을 세계에 알리는 데 일조한 첸따이친 역시 소중한 인연이다. 일본의 츠지전문학교에서 공부를 마치고 돌아온 유학파 출신 제빵사로 나와는 속에 있는 얘기를 다 털어놓을 정도로 친하다.

내가 대만에 갈 때마다 반갑게 맞아주시는 어르신 슈상도 빠뜨릴 수 없다. 그분과의 대화를 통해 경영에 대한 여러 가지 노하우를 배울 수 있었다. 싸이의 '강남 스타일' 춤을 직접 추실 정도로 젊고 열린 사고를 가졌다.

프랑스 세계제빵월드컵에 출전했던 대만 국가대표 팀원인 린상과 첸따이친을 오랜만에 만났을 때 너무나 반가워 한참을 끌어안고 있었다.

세계 어느 나라를 가든 베이커(Baker)들은 서로를 알아보고 동질감을 느낀다. 베이커들의 몸에선 우리만 감지할 수 있는 은밀한 빵냄새가 풍겨 나오는지도 모른다.

이렇게 나는 사람의 향기인 인향과 빵에서 나는 달콤하고 구수한 향기를 안고 다니면서 세계의 셰프들과 친구가 되고 형제가 되고 있다. 앞으로도 더 많은 나라의 셰프들에게 우리나라의 베이커리 문화와 기술을 공유할 것이다.

제2장 행복한 파티쉐가 간다

진심은 결국
통한다

Premium quality

내가 별로 미더워 보이지 않는지, 어떤 사람들은 나를 만나면 아내와 아이들과의 관계가 어떤지 슬쩍 물어볼 때가 있다. 워낙 빵에 미쳐 살고, 전국은 물론 세계 곳곳 안 가는 데가 없으니 가정이 제대로 유지되는지 궁금한 모양이다. 평소 내가 사람들을 너무 좋아하는 것도 이유 중 하나일 것이다.

그런데 그것이야말로 나에 대한 편견이다. 나는 사업과 가정이라는 두 마리 토끼를 함께 잡기 위해 무진장 노력을 하는 사람이다. 긴 시간을 함께하진 못하지만 아내와 함께 있을 땐 아내에게 집중하고, 아이들과 있을 땐 아이들에게 집중한다. 아무리 바쁘더라도 잠깐 시간이 나면 나는 아이들에게 전화를 건다. 목소리를 잠깐 듣는 것만으로도 즐겁고 힘이 난다. 나는 아내와 아이들도 그럴 것이라고 생각한다.

특히 최근 몇 년 전부터는 해외 세미나가 늘어나 1년에 10개월 정도를 해외에서 보내고 있다. 이럴수록 나는 SNS를 통해서라도 가족들과의 안부를 살뜰하게 챙기는 편이다. 가족 간의 관계 또는 그 외의 인간관계에서도 길이보다는 깊이에 초점을 맞추는 스타일이다 보니 사람을 접할 때는 순간순간 초집중을 하는 편이다.

나를 만나는 사람들은 일과 관련되어 만나더라도 어느 순간 심중을 털어놓고 세상 사는 이야기를 나누기 원한다.

오래 전 〈제빵왕 김탁구〉라는 드라마가 방영될 때 특히 나에게 말을 걸어온 사람들이 많았다.

'착한 사람이 이긴다'는 생모의 말을 신조로 삼고 사는 우직하고 솔직한 주인공 김탁구를 보면서 그들은 빵을 만든다는 공통점으로 자신을 대입시키고 나와 얘기를 나누고 싶었던 것일까?

어쩌면 밑바닥에서부터 온갖 역경과 시련을 딛고 올라온 주인공에게서 우리의 공통적인 모습을 발견하고 뭔가 이야기를 하고 싶었던 건지도 모른다.

나 역시 그 드라마를 보며 사람은 '진심'으로 사람의 '마음'을 얻을 수 있다는 사실을 다시 한 번 확인했다.

자기의 마음을 잘 이해해 줄 것 같은 느낌을 받을 때 우리는 처음 만난 사람에게도 자신의 이야기를 털어놓는다. 가난하고 어려운 시절을 거쳐 온 사람들은 확실히 다른 사람의 마음과 사정을 잘 헤아려주는 능력이 있는 것 같다. 나는 사람을 이해하는 폭이 남들보다는 크다고 생각하는데, 이해란 사실 편견 없이 그 사람을 받아들이는 것이라고 생각한다. 있는 그대로 그 사람을 인정해 주는 것, 그것이 중요하다.

진정성을 가지고 사람에게 다가간다면 그 사람은 뒤로 물러서지 않고 당신에게 한 걸음 다가올 것이다.

편견은 마음의 색안경이다. 그 색안경을 벗는 순간, 진짜 '사람'이 보이기 시작한다. 일본에서 고생한 경험이 있다 보니 일자리를 찾는 외국인 근로자들을 만나면 국적을 떠나 친구가 되고 일로 만난 사람들과도 마음을 나누게 된다.

단점도 많지만 나의 장점은 사람을 좋아하고 편견이 없다는 점이다. 상대방에 대한 편견을 가지고 있지 않으니 많은 사람을 포용할 수 있고, 쉽게 친해진다. 새로운 만남과 기회의 장이 끊임없이 펼쳐지는 것이다.

열정이 실력보다
중요하다

Premium quality

아무리 머리가 좋고 좋은 학교를 나왔더라도 좋은 인성이 바탕이 되지 않으면 사람 노릇을 하기 어렵다.

나는 사람에게 있어 인성을 가장 중요하게 생각한다. 내 아이들에게나 회사 식구들에게도 가장 많이 강조하는 부분이 바로 '인성'이다.

인성교육은 거창한 것이 아니다. 부모님과 어른들 공경하고, 인사 잘하고, 친구들을 배려하고, 가족을 사랑하고, 모든 것에 감사할 줄 아는 것이다.

제과제빵사를 양성하는 과정에서 내가 주로 맡는 것이 인성교육이다. 제과제빵사는 기술자이지만 또한 서비스업의 범주에 속한다. 고객에게 맛있고 건강한 빵과 케이크, 과자를 제공하기 위해서는 기술도 중요하지만 먼저 사람을 존중하고 사랑하는

103

마음을 갖추어야 한다. 인성이 좋은 사람은 대부분 인정이 많고 마음이 따뜻하다.

직장에서 관리자로 지내다 보면 제각각 다른 유형의 사람들이 눈에 보인다. 자기 자신만 아는 이기적인 사람은 조금만 함께 지내도 곧 눈에 띈다. 표정과 동작과 행동에서도 그것이 드러난다.

예전에는 빵집에 기술을 배우려는 사람이 줄을 섰다. 한때는 파티쉐 열풍까지 불었다. 하지만 지금은 그 바람이 주춤해졌다. 배우려는 열정을 가진 사람이 많지 않다. 세상이 변해서인지, 3D 업종이어서인지 빵은 좋아하는데 제과제빵 기술을 배우려는 사람은 보기 드물다.

그래서 사람을 구하기가 어렵다. 사람을 구하기 어려우니 인성을 먼저 요구하는 것도 쉽지 않다. 그런저런 이유로 예전처럼 엄격하게 일을 가르치기도 어렵다. 열심히 기술을 가르쳐 어느 정도 함께할 수 있을 때쯤 말도 없이 떠나버리는 경우도 비일비재하다. 그러다 보니 기술적인 부분도, 인성교육도 시간이 많이 걸리고 여의치 않다.

빵 만드는 기술이 조금 부족한 것은 얼마든지 이해한다. 그런데 자기만 알고 사람을 대할 때 예의가 없는 친구들을 보면 나

제2장 행복한 파티쉐가 간다

는 그냥 넘어가지 못한다. 어디까지나 인성이 먼저고 기술이 그 다음이기 때문이다.

평소에는 한없이 부드럽고 친절하지만 때에 따라서는 아주 엄하게 그들을 대한다. 도저히 그냥 두어서는 안 될 일이 발생할 때다. 나는 큰일이 벌어져도 별로 대수롭지 않게 생각하고 넘기는 편이지만, 작은 일에는 꼼꼼하게 대처한다. 그 작은 일이 나중에 큰일의 원인이 될 것 같다는 판단이 들 때이다. 그럴 때는 확실하게 시정이 될 때까지 고집스럽게 교육을 시킨다. 잘 못을 알면서도 후배들을 방관하는 태도는 진정성 있는 선배의 역할이 아니라고 생각하기 때문이다.

옛날에는 한 아이가 태어나면 온 마을 사람들이 모두 그 아이의 부모이고 선생님이었다. 아이가 잘못하면 그게 남의 자식이든 내 자식이든 가리지 않고 혼내며 가르쳤다. 모든 사람을 귀하고 소중하게 생각했기 때문이다.

그런데 요즘은 어떤가? 부모들조차 자기 아이를 제대로 가르치려고 들지 않는다. 그러다 보니 이기적이고 남을 배려할 줄 모르는 아이들이 늘어나고 있다.

각각의 개성과 차이는 인정하더라도, 조직에서 만나 서로 다른 생각을 가진 사람들이 하나의 목표를 향해 한 방향을 보고 간다는 건 말처럼 쉬운 일이 아니다.

　나는 시간과 노력이 아무리 들더라도 내가 만나는 사람들의 손을 놓지 않고 끝까지 함께 걸어갈 것이다. 그리고 나눔의 기쁨을 함께 누릴 것이다.

모든 것을 다 주어도
아깝지 않다

Premium quality

나의 좌우명은 '사람의 소중함을 모르는 이는 결코 성공할 수 없다'이다. 가족 등 지금 내 앞에 있는 한 사람에게 집중하고, 직장에서 매일 함께 생활하는 사람들을 가족처럼 생각하려고 노력한다.

　대우중공업의 김규환 명장은 사환으로 취업해 공장 청소를 하다가 정밀기계 분야의 명장이 된 입지전적인 인물이다. 대우중공업에 근무하면서 1만 몇천 건의 제안과 함께 6백 건이 넘는 실용신안과 특허를 취득했다. 모든 것이 자신이 다니는 기업을 종교처럼 신뢰하여 열심히 일하다 보니 이르게 된 결과이다.
　"저는 여러 분들한테 반드시 종교를 가지라고 말씀 드리고 싶습니다. 저도 종교가 있습니다. 하지만 저는 교회나 절에 다니지 않습니다. 제 종교는 대우중공업교입니다. 우리 집에는 대우 깃발이 있고 식구들 모두 아침밥 먹고 그 깃발 앞에 서서 기도합니다."

이 말을 듣는데 온 몸에 전율이 흘렀다. 회사에 대한 그의 열정과 자긍심이 얼마나 대단한지 단적으로 알 수 있는 대목이었다.

그는 자신의 제품을 하느님이나 부처님께 바치는 마음으로 만들어서 '품질명장'이라는 이름으로 불리고 있다.

한스드림베이커리 식구들과 함께 그의 강연회에 참석했는데 그가 말하는 다음의 세 가지 성공법칙이 너무 인상 깊었다.

1) 부지런하면 굶어죽지 않는다.

2) 준비하는 자에게는 반드시 기회가 온다.

3) 목숨 걸고 노력하면 안 되는 것이 없다.

초등학교도 졸업하지 못하고 열다섯 살에 집안의 가장이 되었던 그의 인생 스토리가 그대로 묻어나는 성공법칙이었다.

한 번 맺은 인연은 끝까지 지키는 것이 나의 철칙인데 성공한 CEO들을 보면 대부분 인간관계의 중요성을 강조하고 있다.

'인도네시아의 신발왕'으로 유명한 KMK글로벌스포츠그룹의 송창근 회장은 KBS 다큐 〈글로벌 성공시대〉에 출연해 "투자자는 돈을 투자하지만, 종업원은 자신의 인생을 투자합니다. 저에게 종업원은 가

장 큰 자산입니다."라는 말로 내게는 잊을 수 없는 인생 모델이 되었
다. 그는 수많은 위기를 '종업원 중심의 휴먼 경영'으로 이겨나가 2만
명이 넘는 직원들에게 전폭적인 신뢰를 받고 있다. 10년, 20년 넘게 근
무한 숙련된 근속자가 많다고 하는데 한 해에 나이키 운동화를 천만
켤레 이상 생산하는 것보다 나는 그게 더 대단하게 생각되었다.

'사람 관리가 제일 힘들다'고 말을 많이 하는데, 그런 말을 하
는 이들도 '사람이 전부'라는 진리를 알고 있다. 성공한 기업들
은 대부분 사람을 가장 중요하게 생각하고 여기는 기업문화를
가지고 있다.

나는 빵 만드는 일에서부터 판매와 홍보, 제품 개발까지 두
팔 걷어붙이고 도와주는 친구들과 한스드림베이커리 식구들이
있어 너무 행복하다. 그들을 보면 '내가 지금껏 헛살지 않았구
나!' 하는 생각이 들면서 가슴이 먹먹해진다.

각종 복지 외에도 해외연수나 유명 강사 코칭, 자기계발 세
미나 참석 등 직원들의 자기계발과 실력 향상을 위해 노력하는
것으로 그들의 사랑에 보답하고 있다.

나는 가끔 "사람을 너무 챙겨서 문제!"라는 말을 들을 때가 있다. 뭐든 과하면 좋지 않다고 하지만 나는 내 식대로 생각하고 행동하려 한다. 사람관계에서만큼은 최선을 다하고 싶은 것이 나의 욕심이다. 한스드림 식구들을 생각하면 늘 미안한 것도 내가 더 잘하지 못하는 아쉬움 때문일 것이다.

경력이 많다고 해서 무조건 빵을 더 잘 만드는 것은 아니다. 얼마나 빵에 정성을 다하느냐에 따라 빵 맛이 달라지기도 한다.

사람들의 관계도 마찬가지다. 오래 전부터 알아왔다고 해서 그 사람을 전부 아는 것은 아니다. 시간의 길이보다는 얼마나 진정성을 가지고 만났느냐에 따라 관계의 질이 달라진다.

나를 만나는 사람들은 공통적으로 "한 번 만났는데 되게 오랫동안 만난 사람처럼 편해요."라고 말한다.

그런 말을 들으면 반갑고 기쁘다. 사람들의 관계가 반가운 선물같이 여겨진다면 얼마나 좋겠는가!

내 주변엔 나와 수십 년째 알고 지내는 사람들이 많다. 열일곱 살 때 들어간 제과학교에서 만난 제주도 서귀포시의 한 베이커리 오너셰프인 점석 형을 비롯해, '장블랑제리'의 형건 형도 있다. 언제 어느 때 가도 가족처럼 따뜻하게 맞이해 주니 두둑한 비상금 같은 사람들이다. 특히 한국제과기술고등학교 16기 중에는 뛰어난 실력과 함께 우리 제과업계에 선한 영향력을 미치는 분들이 많다.

협력업체의 사장님이나 직원들 역시 내겐 소중한 인연이다. 10년이 넘게 인연을 쌓고 있는 분도 많으며, 그들과는 크고 작은 행사를 함께하기도 하는데, 그 자리가 또 다른 인연으로 이어지기도 한다.

사람의 인연처럼 소중하고 무서운 것도 없다. 그러니 함부로, 가벼이 여기면 안 된다. 인생의 모든 답은 '사람과의 관계' 속에서 찾을 수 있다. 지금의 나를 글로벌 셰프로 만들어준 것 또한 사람들과의 인연과 관계 속에서 이루어진 결과물이다. 인생의 모든 해답은 결국 '사람'에 있다.

배움에는
끝이 없다

Premium quality

제과 일을 배우는 젊은 친구들에게서 자주 듣는 말이 "저는 아무래도 재능이 부족한 것 같아요"이다. 처음에는 열심히 배우지만 얼마 지나지 않아 힘들고 어려우면 중도에 포기하는 경우가 비일비재하다. 그러고는 일 잘하고 기술이 뛰어난 동료들을 보며 부러워한다. 남들을 부러워하는 그 시간에 한 가지라도 배우고 공부하라고 조언하지만 귀담아 듣는 친구는 드물다.

　일을 잘한다고 명성이 자자하거나 전문가라고 불리는 사람이라고 해서 특별한 비법이나 타고난 재주로 그 자리에 선 게 아니다. 꾸준한 노력의 산물인 것이다. 어느 날 갑자기 이루어지는 건 세상 어디에도 없다. 기술은 한순간 순식간에 배울 수 있는 것이 아니다. 장인은 그렇게 뚝딱 탄생하지 않는다. 뜨거운 열정을 바탕으로 새로운 기술개발에 끊임없이 몰입할 때 그 분야의 전문가가 되는 것이다.

　한 자리에 안주하는 순간, 더 이상 발전도 없다. 변화에 맞는 새로운 기술과 트렌드를 읽기 위해 늘 질문하면서 답을 찾으려고 노력해야 한다.

변화의 격랑을 넘어설 수 있는 방법은 단 하나, 공부뿐이다. 공부를 하되 미친 듯 목숨 걸고 해야 한다. 어떤 분야이든 늘 공부하고 지속적으로 자기를 계발하는 사람만이 두각을 나타낼 수 있다. 내가 몸담은 분야의 큐레이터가 되고 싶다면 자신부터 철저하게 혁신해야 한다. 그리고 그 혁신은 자기계발에서부터 시작된다. 내가 바뀌어야 주위가 바뀐다는 간절한 마음을 가지고 자기관리, 자기혁신에 몰입하면서 살아가자.

조선시대 뛰어난 두 학자가 만났다. 23세의 청년 율곡과 58세 퇴계 이황의 만남이다. 〈논어〉에 나온 '후생가외(後生可畏)'는 바로 이런 경우를 말한다. 한참 어린 후배 율곡의 학문을 경외하였던 퇴계 이황, 둘은 서로를 보며 더욱 분발하여 학문에 깊이 정진하게 된다.

언제든 나를 앞지를 수 있는 무한한 가능성의 후배들이 있어 선배들은 공부를 멈출 수 없다. 선배든 후배든 누구든 삶이 다하는 날까지 배우고 익히는 것을 멈추지 말아야 할 것이다.

지혜로운 선배라면 퇴계처럼 후학을 두려워하고 존중하는

아량과 포용력을 갖추어야 한다. 후배가 내 자리를 밀어낼 거라는 옹졸한 생각보다 서로에게 긍정적인 자극이 될 수 있도록 이끌어주어야 한다. 후배 역시 마찬가지다. '정진하지 않으면 더 이상 본받을 만한 존재가 아니다'는 뜻을 가슴에 새겨야 한다. 누구라도 계속 정진하지 않으면 발전은 기대할 수 없다. 쉼 없이 정진해야 한다.

스스로에게 편안함에서 벗어나려고 노력하지 않는다면 의미와 가치를 실현시키기에 어려움이 따를 수 있다. 진정 셰프답게, 나답게 살아갈 수 있는 방법은 지속적인 자아연구와 자기계발뿐이다.

나는 제과학교 출신이어서 이론과 실기를 처음부터 체계적으로 배울 수 있었다. 현장에서 일을 하면서도 기술 세미나는 물론 경영 쪽 세미나도 꼭 참석하려 노력했다. 나처럼 빵도 직접 굽고 베이커리를 운영하는 이들은 대부분 기술력은 좋은데 경영 쪽이 취약해 어려움을 겪는다. 때문에 경영 공부도 병행하지 않으면 곤란한 상황이 발생할 때가 있다.

제과업계도 트렌드에 민감하다. 제과업은 특히 취향과 입맛

의 변화 속도가 빠르다. 더욱이 한국의 베이커리 문화는 다른 나라에 비해 트렌드 변화가 너무 빠르다. 그래서 생존을 위한 자기혁신과 변화 없이는 이 분야에서 살아남기 어렵다. 그런 이유로 나는 해외에 나가서도 SNS를 통해 한스드림 식구들을 비롯해 지인들과 끊임없이 소통하고 정보를 공유한다.

적극적으로 능동적으로 변화에 대처해야 한다. 멈칫하는 순간, 경쟁에서 밀려날 수도 있다. 열정이 식고 긴장이 풀어지면 모든 것이 끝이다. 강한 자가 살아남는 게 아니라 살아남는 자가 강한 자이다.

전국 유명 대학교의 최고경영자 과정을 한 곳도 아니고 여러 곳에 다닌 것은 경영도 배우면서 그곳에 모인 각 분야의 다양한 사람을 만나고 싶었기 때문이다.

현실에 안주하고 싶지 않은 나는 늘 고개를 숙이고 선배나 후배, 그리고 나보다 뛰어난 사람들의 이야기를 경청했다. 그러면서 나는 조금씩 성장할 수 있었다.

지금도 나는 늘 배움에 목이 마르다. 아마 앞으로도 계속 그럴 것이다. 느낌표(!)보다는 물음표(?)를 가지고 늘 호기심 가득한 어린아이처럼 평생을 살아갈 것이다.

제2장 행복한 파티쉐가 간다

제3장

· 날고 싶은가? ·
준비하라!

나의 일을 다한 후
기다려라

Premium quality

내 어머니는 일제 강점기 때 어린 시절을 보내며 학교 근처도 못 가보셨지만 내가 아는 누구보다 성실하고 책임감이 강한 분이다. 우리 형제들은 어머니에게서 많은 것을 배워 모두 자기 분야에서 열심히 살아가고 있다. 아버지의 교통사고 후유증으로 집안은 가난했지만 부모님으로부터 얻은 생활력이나 인간애 등은 어릴 때부터 남달랐던 것 같다.

성실한 삶의 자세는 하루아침에 만들어지지 않는다. 오랜 습관처럼 몸에 배는 것이다. 내 손이 부르트도록 열심히 일해야 먹고살 수 있다는 것을 일찍부터 몸소 보여주신 부모님 덕분에 우리 형제들은 일찍 철이 들었다. 그리고 이러한 부모님의 교육은 자양분이 되어 내 성장의 원동력이 되었다.

프로정신이란 무엇일까? 나는 자신이 맡은 일에 책임감을 가지고 열과 성을 다하는 것이라고 생각한다. 그래서 나는 데일 카네기의 말 중 특히 이 말을 좋아한다.

"책임감 있는 사람은 어느 곳에서도 꼭 두각을 나타낸다."

"실패로부터 성공을 개발하라. 실망과 실패는 성공에 이르게 하는 가장 분명한 두 가지 디딤돌이다."

예로부터 '진인사대천명(盡人事待天命)'이라고 했다. '사람이 할 수 있는 일을 다하고 나서 하늘의 뜻을 기다린다'는 뜻이다.

책임감을 가지고 최선을 다한 사람은 겸허하게 결과를 기다릴 뿐 불안해하거나 안달복달하지 않는다. 성실히 일하지 않고 요행을 바라는 사람들이 특히 귀담아 들어야 할 말이다.

우리가 보기에 남의 성공은 하루아침에 이루어진 것처럼 보일 수 있지만, 성공은 그의 성실함과 책임감에 대한 보상일 때가 많다. 성공은 아주 작은 일을 성실함으로 행할 때 발아되어 오랜 시간이 지난 후 마침내 꽃을 피우는 열매가 아닐까?

인생을 빵에 비유해도 똑같은 표현이 된다. 오랜 시간 저온 숙성되면서 발효된 빵이 서둘러 만든 빵보다 훨씬 풍미와 향이 좋고 식감도 부드럽다. 사람도 지속적인 자세와 태도로 열정을 불태운 사람만이 특유의 깊은 인향이 나온다. 그러고 보면 정말 'Life is Bread'이다.

아이들을 위해
우리가 할 일

Premium quality

요즘 아이들은 꿈을 정하는 것도 대중이 없다. 아이돌이 되겠다거나 유튜버가 되겠다는 꿈이 요즘은 대세라고 한다.

내가 하고 싶은 일이 무엇인지 정확히 알 수 없다는 반증이다. 예전에는 집집마다 여러 명의 자녀가 있어 부모들이 요즘처럼 관심을 기울이지 않아도 때가 되면 알아서 제 갈 길을 갔지만, 어쩐 일인지 요즘 아이들은 그 몇 배의 관심을 받으면서도 중심을 잡지 못하는 것 같다.

특히 아무리 좋은 환경이어도, 경제적인 뒷받침이 가능하다 해도 스스로 나아갈 바를 고민하지 않고 하고자 하는 의지가 없다면 부모라도 어떻게 해줄 방도가 없다.

아이들 스스로 자기 자신을 잘 찾을 수 있도록 세심하면서도 적극적인 지도가 필요하다. 아이가 무엇을 좋아하는지, 무엇을 잘하는지 자신의 특기와 재능을 찾는 것이 중요하다.

어릴 때부터 나는 인생에서 꿈이나 목표를 세우는 것과 자기계발이 얼마나 중요한지 어느 정도 이해하고 있었다. 나이 차이가 많은 형들과 누나들이 많아서 일찍 철이 들었는지도 모른다. 그런데 어찌된 셈인지 나는 아무것도 하지 않고 친구들과 놀기에 바빴다.

그때의 나에 비해 일찍 자신의 꿈을 정하고 한 발 한 발 꿈을 향해 나아가는 우리 집 아이들을 보면 나는 많은 것을 느낀다. 아빠의 외부활동이 많은 것을 지켜봐서 그런지 우리 아이들은 스스로 자신의 삶을 개척해 나가야 한다는 생각이 강하다. 짠하기도 하지만 자랑스럽기도 하다.

나는 아이들이 어렸을 때부터 강한 정신력을 가지고 살 수 있도록 조금씩 교육을 시켰다. 설령 여유가 있다고 하더라도 나는 아이들이 사달라고 하는 걸 모두 사주지 않았다. 풍요로움 속에 길들여져 누리는 것을 당연하게 생각하고 그렇지 못한 친구들을 경원하게 될까봐 두려웠다.

내가 아이들을 강하게 키우는 데는 또 다른 이유가 있다. 생각하기도 싫지만 어느 날 부모가 갑자기 세상을 떠날 경우, 무서워 떨지 않고 이 세상을 당당하게 잘 살아주기를 바라기 때문이다. 다행히 아이들은 친구들도 다양하게 사귀고 그들에게 카운셀러 역할도 자처하는 등 인간관계에서도 성품에서도 별 문제가 없어 보인다.

매장에서 함께 일하는 어린 친구들에게도 독립심과 인내심을 키워주고 싶어 신경을 많이 쓰고 있다.

큰 희망을 품고 실습을 나왔을 텐데, 식당이나 베이커리 등의 현장에서는 처음에 심부름이나 이런저런 허드렛일을 많이 하게 된다. 그 과정을 못 버티는 아이들이 꽤 있는데 나는 그들에게 다가가 현실을 인식할 수 있는 능력을 키워주려 노력한다.

청소년들은 조금만 관심을 가지고 도와주면 스펀지처럼 흡수하는 능력이 있어서 효과도 바로 나타나는 경우가 많다. 처음에 도움을 완강히 거부하고 뛰쳐나가려고만 하던 한 아이는 그 과정을 잘 보내고 몇 년이 지난 지금까지도 남아 우리 식구로 일하고 있다.

요즘 청소년들은 얼핏 보면 절실함이나 간절함과는 거리가 있어 보이는데, 한 명 한 명 붙잡고 이야기해 보면 또 그렇지도 않다는 걸 알게 된다. 그 또한 하나의 편견인 것이다.

세상도 변했고 사람들도 많이 변했다. 그러니 차이와 다름을 받아들이고 존중하면 모든 불화와 세대 차이도 많이 좁혀지지 않겠는가.

－⁀◇⁀－

나에게는 결핍이 에너지였다. 가난하고 힘들었던 시절, 잃을 게 없으니 자유로웠다. 마음 가는 일에 도전하는 것만이 답이었다.

나는 유튜브에서 칭기즈칸의 리더십에 대한 영상을 즐겨보는데, 말을 타고 몽골의 고원을 달리는 영상 속 칭기즈칸의 모습을 보면 가슴이 뛴다. 아버지가 독살당하고 열악한 환경 속에서 자랐지만 수많은 난관과 결핍을 극복하고 그렇게 우뚝 선 것이다. 내가 그랬던 것처럼, 결핍을 에너지로 바꾸어 산 사람들의 삶은 내게 깊은 감동으로 남는다.

우리는 미완의 존재이기에 또 무한한 가능성을 지니고 있다. 결핍을 에너지로 바꿀 수 있고 노력으로 이루지 못할 일이 없다. 그러니 자라나는 아이들이나 청소년은 말 그대로 '꿈의 보고'라고 할 수 있다.

그들을 믿고 지지와 격려를 보내는 게 우리의 할 일이다.

절대 포기하지
마라

Premium quality

김성근 감독은 한국 야구 역사상 최고의 감독으로 꼽힌다. 그가 한 유명한 말이 있다.

"리더는 사람을 버리지 않는다. 누구에게나 장점이 있다. 리더는 장점을 발견할 눈을 가져야 하고, 그걸 살려야 할 방법을 고려해야 한다. 리더는 선수의 경험을 살릴 수 있어야 하고 그 선수가 가지고 있는 경험을 믿어주고 그것을 적재적소에 활용해야 한다."

맞다. 그의 말처럼 리더라면 절대 사람을 버려서는 안 된다. 자기 사람에 대해 끝까지 책임을 질 줄 알아야 한다. 배신하고 버리기는 너무나 쉽다. 하지만 리더라면 1%의 가능성이라도 찾아내 그 장점을 살릴 수 있도록 만들어야 한다. 세상에 완벽한 사람은 당연히 없다. 열 개 중 하나만 잘해도 그는 이 세상에 필요한 사람일 것이다.

"자기 스스로 자신을 포기한 사람을 제외하면 이 세상에 쓸모없는 사람은 없다"는 김성근 감독의 말을 기억할 필요가 있다.

언젠가 직원들이 나에게 한 말에 가슴이 울컥하고 눈시울이 뜨거워졌던 적이 있다.

"우리 사장님은 직원에 대해서 포기를 하지 않는다"는 말이었다.

함께 일하고 밥을 먹던 직원들이 각자의 사정으로 퇴사를 할 때마다 나는 마음이 아프다. '내가 조금 더 잘해주고 조금 더 신경 썼더라면…' 하는 마음도 갖게 된다. 하지만 빨리 마음을 돌려 '그들은 자신의 성장을 위해 나아가는 중'이라고 생각하며 나를 다독이고 그들을 응원한다.

나는 좀처럼 사람을 포기하지 않는다. 물론, 그것 때문에 힘든 순간들도 있다. 주변에서는 의아해하며 어떻게 그럴 수 있느냐고 되묻는다. 한 사람을 감싸주다 보면 오히려 주변 동료들이 힘들어하는 상황이 생기기도 한다. 하지만 나는 포기하지 않는다.

우리 베이커리에서 일을 배운 친구가 독립해 나가서 성공하면 마음이 그렇게 뿌듯할 수가 없다. 끝까지 지켜보고 격려했던 것이 그들 인생에 힘이 되고 뭔가 동기부여가 되었다면 그보다 더 좋은 일이 없을 것이다.

베이커리를 운영하다 보면 사정이 생겨 문을 닫아야 할 경우도 있을 수 있다. 그런 경우 직장을 잃게 되는 직원에 대해 주인은 자기가 할 수 있는 책임을 끝까지 다해야 한다고 생각한다. 다른 곳에서 일할 수 있도록 연결을 해주는 것도 하나의 방법일 것이다.

'혼자 만들면 기술이 되지만 함께 만들면 예술이 된다.'

모 기업의 광고 카피가 생각난다. 정말 그렇다. '함께'는 위대하다. 그리고 아름답다. '함께'는 말은 쉽지만 실제 행동으로 보여주기에는 어려워서 더욱 소중한 것이다. 함께 머리를 모을 때 우리 모두 감동하는 '작품'이 탄생한다.

우리가 사는 세상은 '함께' 사는 세상이다. 시간이 지나면서 더욱 절실해지는 게 한 가지 있다. 함께한 시간이 길어질수록 '같이'의 가치는 더 깊어진다는 사실이다. 함께한 추억이 많아질수록 '같이'의 가치는 더 높아진다. '같이' 꿈꾸는 세상은 확실히 더 따뜻하다.

제3장 날고 싶은가? 준비하라!

세상을 살아보면 '함께'라는 단어의 소중함은 더 절실해진다. 사장과 직원이 한마음으로, 구성원 모두가 '함께'하는 세상은 거센 강풍이 불어도 끄떡없다. 끝까지 함께!

우리에겐 우분투가
있다

Premium quality

나에게는 당장의 '실리'가 아니라 '함께'를 선택해 가슴 뿌듯 했던 기억이 하나 있다. 손님 중에는 간혹 우리 베이커리가 '마 인츠돔'에서 왜 '한스드림'으로 변경되었느냐고 묻는 분들이 있다.

당시 '마인츠돔'이라는 브랜드를 함께 사용하는 매장이 서울 에 있었는데 같은 브랜드를 쓰기는 했지만 우리는 그와 별개로 포항에서 독립적으로 '마인츠돔'을 운영하고 있었다. 그런데 카 페베네에서 서울의 '마인츠돔'을 인수하면서 문제가 생겼다.

그때까지만 해도 인터넷에서 '마인츠돔'을 검색하면 포항의 우리 베이커리가 제일 많이 검색되었고 매출도 우리가 많았지 만 우리도 서울과 마찬가지로 카페베네와 합쳐야 할 상황이 된 것이다.

그리고 카페베네에서 마인츠돔이라는 브랜드를 인수했으니, 자연스럽게 우리도 카페베네의 가맹점 중 하나가 되어 더 큰

제3장 날고 싶은가? 준비하라!

유명세를 탈 수 있었다.

우리는 그냥 해온 대로 '브랜드 네임'을 계속 사용하면서 더 편하게 일할 수 있었지만 나는 고민에 빠졌다. 바로 우리 직원들! 소중한 직원들과 함께할 수 없을지도 모르기 때문이었다.

만약 카페베네와 정식으로 가맹 계약을 하고 본사의 지시를 따라야 하는 상황이 되면 매출은 엄청나게 올릴 수 있을지 모르지만, 대신 우리 직원들 모두가 함께 갈 수는 없었다. 카페베네의 프랜차이즈로 그들의 요구를 따라야 하기 때문이었다. 예를 들어 재료들이 모두 본사로부터 오기 때문에 현재 고용하고 있는 직원이 거의 다 필요 없어지는, 그런 상황이 되는 것이다.

이야기가 나온 김에 프랜차이즈에 대한 내 생각을 좀 밝히고 넘어가고 싶다. 대형 프랜차이즈 빵집이 좀 더 낮은 가격과 이벤트로 동네 상권을 위협하지만, 나는 이런 프랜차이즈를 경쟁점이라고 생각하지 않는다. 왜냐하면 제품의 종류와 재료 그리고 내가 만드는 빵에 대한 철학 등이 다르기 때문이다.

프랜차이즈 빵집이 안 좋은 재료를 사용한다는 말이 절대 아니다. 다만, 많은 양의 빵을 만들어 낮은 가격에 판매하면서 이윤을 남기는 방식은 한계가 있을 수밖에 없다. 또한 대기업 프랜차이즈의 빵은 기계화된 설비에서 만들어진다. 수제로 만든 빵과 기계로 만든 빵에는 반드시 맛의 차이가 생길 수밖에 없다. 기계는 생산성을 높이기 위해서 사용한다. 대량생산에는 좋으나 품질 부분은 다소 떨어질 가능성이 높다. 그리고 프랜차이즈의 빵은 보관과 배송과정에서 제품의 변질 우려도 있다. 즉석에서 바로 구워내는 동네 빵집의 빵맛과는 차이가 날 수밖에 없다.

그럼에도 분명 프랜차이즈의 장점은 있다. 더구나 기존에 사용하던 브랜드를 사용하면서 거대 프랜차이즈의 유명 매장이 되고, 동시에 인건비를 혁신적으로 줄이면서도 최대한의 이득을 취할 수 있는 기회가 앞에 놓여 있었다. 하지만 나는 나의 식구를 한 명도 잃고 싶지 않았다. 부담이 된다 하더라도 끝까지 '신의'를 지키고 싶었다. 사람이 제일이라고 그렇게 떠들었는데, 좋은 기회가 왔다고 그들의 등을 떠밀 수는 없었다.

함께 가기로 했다. 우리 식구들과 함께 가기 위해 정들었던 브랜드를 내리고 새로운 브랜드로 시작하기로 했다. 처음처럼

제3장 날고 싶은가? 준비하라!

다시 맨땅에 헤딩하는 것이나 마찬가지였다. 하지만 나는 오히려 좋은 기회라고 생각했다. 그렇게 해서 만 8년을 지켜온 '마인츠돔' 이름을 내리게 된 것이다.

두려울 건 없었다. 우리 빵을 좋아해 주는 고객들에 대한 믿음이 있었기 때문이다. 그래서 새로 탄생한 이름이 바로 '한스드림'이었다.

두 달에 걸친 대대적인 리모델링 공사에 들어갔다. 나의 결정이 리스크로 작용할 수도 있지만 감내하기로 했다.

그리고 4년이 흐른 지금, 더 많은 고객들이 한스드림을 찾고 있다.

"우분투(UBUNTU)!"

우리가 하루를 시작하며 조회시간이나 영업을 마칠 때 꼭 외치는 말이다.

아프리카 부족에 대해 연구 중이던 어느 인류학자가 한 부족의 아이들을 모아 놓고 게임을 제안했다. 멀리 나무 옆에 싱싱하고 달콤한 과일이 가득 담긴 바구니를 놓고는, 누구든 바구니까지 먼저 뛰어간 아이에게 과일을 모두 주겠다고 했다. 가난한 그 아이들은 인류학자의 예상과는 달리 미리 약속이라도 한 듯 서로의 손을 잡았다. 그리고 손에 손을 잡고 함께 달리기 시작했다. 아이들은 과일 바구니에 다다르자 모두 함께 둘러앉아 입안 가득 과일을 베어물고 키득거리며 맛있게 나누어 먹었다.

인류학자가 왜 그랬냐고 묻자 아이들은 "UBUNTU(우분투)"라고 합창하듯 대답했다. 한 아이는 "다른 아이들이 다 슬픈데 어떻게 나만 기분 좋을 수가 있죠?"라고 말했다.

'UBUNTU'는 아프리카 반투족의 말로 '우리가 함께 있기에 내가 있다!'는 뜻이라고 한다. '내가 너를 위하면 너는 나 때문에 행복하고, 너 때문에 나는 두 배로 행복해질 수 있다.'는 의미이다.

이 말은 넬슨 만델라 대통령 때문에 널리 알려졌는데 나의 '함께하는' 방향성과 그대로 맞아떨어져 우리 직장에서 쓰는 아침과 밤 구호로 채택되었다.

우리 회사의 첫 번째 목표는 '한스드림 식구의 행복'이다. 매출(돈)보다 한스드림 가족이 웃으며 행복하게 일하는 게 중요하다. 지금껏 우리는 모두를 가족처럼 생각하고 '우리 식구'라 생각해 왔다. 비록 혈연으로 맺어진 관계는 아니지만 우리들은 말그대로 '식구(食口)'이다. 밥을 함께 먹는 입이다. 이 식구들을 어떻게 행복하게 만들어줄 것인지 나는 항상 고민한다. 아니 고민이 아닌 궁리를 한다. 고민을 하면 그것 또한 고민으로 끝나지만 궁리를 하게 되면 해결책이 눈에 보인다. 모든 일은 고민이 아니라 궁리를 해야 한다.

사업을 확장해서 매출이 많이 오르고 이름이 알려지는 것은 분명 좋은 일이다. 하지만 식구들을 힘들게 하면서까지 이익을 취하고 싶지는 않다.

백화점 입점 문의나 분점에 대한 문의가 수십 차례 있었지만 모든 요청을 거절했다. 서울에 진출해 보라는 유혹도 있었다. 서울이 아니어도 포항에서 매장을 내려고 했다면 신청이 쇄도했을 것이다. 대구에서도 그런 문의가 많이 온다. 한스드림이 이미 우리만의 인지도로 '선전'을 펼치고 있다는 의미일 것이다.

하지만 모든 제안을 거절한 이유가 있다. 우리 식구들이 힘들어 한다면 무리하게 진행하고 싶지 않은 것이다. 나의 우선순위는 한스드림 식구들의 건강과 행복에 있다. 모험을 해보고도 싶지만 나의 발목을 붙잡는 건 혹시 있을지도 모를 변화로 인한 고통과 혼란을 그들로 하여금 겪게 하고 싶지 않은 마음이다.

처음부터 지금까지 유지해 온 나의 경영마인드는 '직영체제'였다. 앞으로도 한국에서는 이 체제를 유지해 나갈 생각이다. 그렇다고 프랜차이즈나 가맹점 사업을 폄하하는 것은 아니니 오해 없기를 바란다.

나는 한스드림 식구들을 위한 일이라면 뭐든 아까울 것이 없다. 그들과 해외연수를 자주 가는 것도, 자기계발을 위한 세미나에 함께 참여하는 것도 공동의 발전과 행복을 위해서다.

나는 사람들이 부러워할 만한 멋진 일터에서 그들과 함께 빵을 굽고 싶다.

믿음은 존중에서
온다

Premium quality

함께 일하는 직원들이 고통스러운데 혼자 행복한 오너라면 그는 결코 좋은 리더라 할 수 없다. 늘 밝은 미소와 상냥한 목소리로 고객을 응대하는 직원이 있다 해도, 그것이 오너의 명령에 의해 지어낸 태도라면 그 미소는 계속 유지되기 어려울 것이다.

바쁜 서비스 현장의 특성상 다양한 변수가 발생하는 매장에서 일하는 직원들은 항상 최상의 친절로 고객을 대할 수는 없다. 억지미소 속 직원들의 스트레스는 고객에게 고스란히 전달된다.

하지만 소통이 잘되고 구성원들의 의견이 잘 받아들여지는 일터는 분위기부터 다르다. 일터는 즐거워야 한다. 내가 즐거우면 직원들도 즐겁다. 어떤 조직이든 규칙에 지나치게 얽매여 있으면 새로움을 창출할 여유가 없다. 그런 면에서 유머와 위트를 생활화하는 일은 매우 중요하다.

직원이 행복하면 고객도 행복할 수밖에 없다. 행복한 사람이

행복한 세상을 만든다. 오너는 직원으로 하여금 그들이 충분히 관심을 받고 사랑받고 있음을 느끼도록 해주어야 한다.

아주 작은 이벤트 하나에도 일터의 분위기가 달라진다. 지혜로운 오너나 리더는 모든 것을 세심하게 살피고 필요한 것을 제공한다.

주인의식을 가진 직원은 고객에게 진심에서 우러난 미소와 서비스를 제공한다. 그런데 오래 일하다 보면 모든 것이 무뎌질 때가 있다. 때문에 리더로서의 오너는 직원들이 스스로 중요한 일을 하고 있다는 믿음을 항상 상기시켜 줄 필요가 있다.

믿음은 '존중'에서 온다. 오너는 직원을 존중하고, 직원은 고객을 존중한다. 그러면 고객도 직원을 존중하게 된다.

직원들의 '감정노동' 문제는 세심하게 접근해서 해결해 나가야 할 부분이다. 수많은 고객을 상대하며 겪게 되는 마음의 상처를 먼저 헤아려 주는 건 물론, 때로는 직원의 편에 서서 부당한 요구를 계속 해오는 고객을 정중하게 거절해야 한다.

리더의 권위는 신뢰에서 나온다. 그러므로 평소 자신의 말에 책임을 져야 한다. '직원을 가족같이 사랑한다'는 그 말을!

나 홀로
다 함께

Premium quality

회사생활을 할 때 늘 아쉬움을 느꼈다. 소속감을 느끼기 어려울 정도로 구성원들 모두가 제각각이었다. 그들과 함께 일하는 동안 식구처럼 지내고 싶었는데 식구는커녕 모두 저마다의 섬으로 둥둥 떠 있었다.

실제로 대부분의 직장인들은 함께 일하는 동료의 어려움에 크게 관심이 없다. 혹시라도 물으면 "나 살기에도 너무 바빠서!"라는 답변이 돌아온다. 이해는 되지만 나는 정 없이 너무 삭막해지는 인간관계가 싫다못해 무섭다. 그래서 늘 식구라느니 가족이라느니 하고 주문처럼 외우는 것인지도 모른다.

'혼자 만들면 기술이 되지만 함께 만들면 예술이 된다'는 광고 카피는 그래서 늘 내 머릿속을 맴돌고 있다.

나는 아무 정 없이, 또 의리 없이 돈이나 이익의 논리에 따라 움직이는 세태가 싫다. 기업의 입장에서라면 더 많은 이윤을 내야 하는 건 당연하고, 구성원들도 각자 자기만의 사정이 있겠지만 나는 모두가 함께 가는 길을 찾고 싶다.

내가 꿈꾸는 이상적인 조직은 '가족'에 가깝다. 저마다 핏줄은 다르지만 함께 밥을 먹는 사이이기에 같은 곳을 보며 웃을 수 있는 가족…. 내가 경영방식 중 최고는 '가족 경영'이라고 생각하는 이유이다.

나는 늘 '나 홀로 다 함께'를 외치면서 스스로 답을 찾아 나간다. 내가 먼저 충분히 고민해 좋은 생각들을 찾은 다음, 그것들을 구성원들과 공유하고 실행하는 것이다. 나는 그것을 '나 홀로 다 함께'라고 부르고 있다.

'인도네시아의 신발왕'으로 불리는 KMK글로벌스포츠그룹 송창근 회장의 IMF 당시 위기 극복담을 소개한다.

1998년 IMF 외환 위기로 인도네시아에서는 폭동이 일어났고, 다수의 글로벌 기업들이 구조조정에 들어가거나 철수를 선언했다. KMK글로벌스포츠그룹 역시 나이키의 주문량이 거의 끊기다시피 하면서 회사 문을 닫아야 할 위기에 봉착했다. 다른 회사들이 무차별적으로 직원들을 해고할 때, 송 회장은 직원들을 모아놓고 이렇게 말했다.

"여러분, 지금 회사가 너무 어렵습니다. 도와주세요! 다 함께 기도해 주시면 저는 여러분을 믿고 끝까지 갑니다. 여러분만 있으면 할 수 있습니다."

이러한 회장의 솔직한 고백에 종업원들의 애사심은 더욱 깊어졌고, 그들의 가족도 한마음으로 응원했다.

직원들의 응원을 받고 미국 나이키 본사를 방문한 송 회장은 종업원 4천 명이 가장 큰 자산이라며 나이키의 경영진을 설득해 다시 수주를 받아와 공장은 재가동에 들어갈 수 있었다.

'나 홀로 다 함께'에 딱 맞아떨어지는 이야기가 아닌가!

인생이란 믿고 가는 것!

Premium quality

사람들을 만나다 보면 때로는 상처를 주기도 하고 받기도 한
다. 그것이 인생이다. 어쩔 수 없는 것 아닌가!

　적당히 정을 주라고 내게 충고하는 사람도 있지만, 나는 그런
상태가 성에 차지 않는다.

　'누구나 선택하는 길 위에선 결코 내가 원하는 것을 얻을 수
없다.'

　만화가 이현세의 책 〈인생이란 나를 믿고 가는 것이다〉에 나
오는 내가 좋아하는 구절이다.

　내가 정말 믿고 사랑하던 직원이 내게 일언반구도 없이 독립
을 선언한 적도 있었고, 비싼 비용을 대주고 프랑스 연수를 보
냈던 직원이 돌아와 이직한 경우도 있었다. 다녀와서 서로 좋은
에너지를 발휘해 회사를 키워나갈 수 있으리라 생각했으나 그

건 나만의 생각이었다.

내 우정을 이용해 필요한 것만 쏙 취하고 떠나버린 사람들도 있었지만 나는 그들을 붙잡지 않았다. 쓰라린 가슴을 안고서도 내가 지원해 줄 수 있는 건 마지막까지 최선을 다해 도왔다.

그들과 함께한 시간과 추억들이 너무 소중한 만큼 그것을 훼손하고 싶지 않았던 마음도 있었던 것 같다. 서로 신뢰하고 좋아했다는 믿음이 나 혼자만의, 거의 일방적인 것으로 판명이 날 때마다 나는 괴로웠다.

베이커리 식구들이 특별한 이유 없이 떠날 때도 마찬가지였다. 서운함을 넘어 가슴이 아플 때도 있었지만 겉으로 내색은 하지 않았다. 설령 나중에 또 뒤통수를 맞는다 해도 마음껏 나누고 베풀자는 게 내 생각이다. 후회하기 싫었기 때문이다.

주변을 살펴보면 상처받기 싫어서 적정거리를 두고 관계를 맺는 이들도 많다. 내가 필요한 그만큼만 다가가는 사람들도 많다. 그렇지만 상처받을까봐 마음껏 정을 나누지 않는 건 떳떳하지 못한 일이라고 생각한다. 내가 믿는 한 가지 진실은, 시간이 걸리더라도 사람의 진심은 통한다는 것이다.

사람을 사랑한다는 것은 어쩌면 기약 없는 기다림인지도 모른다.

비교하지
마라

Premium quality

1956년에 문을 열어 빵을 사랑하는 이들의 성지가 된 대전 성심당은 직원들 중 상당수가 독립해 전국으로 퍼져 나가 빵집을 열며 제2, 제3의 성심당 신화에 도전하고 있다. 그리고 이들 빵집은 그 지역의 명소가 되었다.

그런데 10여 년 전부터 P사와 T사 등 대기업 프랜차이즈 빵집이 골목상권에 공격적으로 입점하면서 그 동네를 지키던 작은 빵집들이 하나둘 사라지더니 거의 전멸하다시피 했다. 수년간 갈고 닦은 기술로 어렵게 빵집을 열었던 사람들에겐 청천벽력과도 같은 일이 아닐 수 없었다.

그러던 중 골목상권이 재조명되고 빵집을 '중소기업 적합업종'으로 선정하여 대기업 진출을 제한하면서 동네 빵집이 조금씩 살아나기 시작했다. 다행한 일이 아닐 수 없다.

나는 식당이든 어디든 단골집에 가면 항상 눈여겨보는 게 하나 있다. 직원들이 그대로 있는지 여부이다. 포항의 Y해수욕장에는 맛있는 조개구이 식당이 있는데 그곳 직원들은 수년 간 거의 이직이 없다. 장사가 아주 잘되는 집의 공통점을 보면 이처럼 장기근속자들이 많다. 이는 바꿔 말하면 오너가 직원들이 오랫동안 근무할 수 있는 좋은 환경을 만들어 준다는 것이다.

각각 다른 환경에서 자란 사람들이 한 일터에 모여 팀워크를 발휘해 함께 움직이는 일은 쉽지 않다. 이는 비단 제과제빵업계에만 나타나는 문제는 아닐 것이다. 다른 분야 경영자들과도 만나 이야기를 나누다 보면 사람을 관리하는 게 제일 힘들다고 토로한다. 우리도 직원들을 장기적으로 유지하기 어렵다. 이직률도 높지만, 기술직이다 보니 어느 정도 시간이 지나면 창업을 꿈꾸며 이탈하는 사람이 많기 때문이다.

그래도 우리 베이커리는 직원들이 오래 근무하는 것으로 유명하다. 가끔 그 비결을 묻는 분들이 있다. 이유가 뭘까?

매출이 높아서일까? 아니다. 우리보다 더 많은 매출을 올리는 곳은 전국 곳곳에 포진해 있다. 그럼 급여 등 대우나 복지가 좋아서일까? 물론 그것도 하나의 이유일 수는 있지만 전부는

마음을 담은 빵, 세상을 향해 굽다

아니다.

오너셰프의 제빵 기술을 흠모하여 모여드는 사람도 있겠지만 나는 그 정도는 아니다. 빵을 잘 만드는 사람은 찾아보면 얼마든지 있다.

딱 하나, 함께 일하는 식구들을 대하는 마음가짐 때문이다.

직원 한 명 한 명에게 관심을 가지고 진심으로 귀를 기울이면 그들도 다가오기 마련이다. 구성원들이 무엇을 이야기하고 싶은지 무엇을 원하는지 관심을 가지고 보면 그것이 눈에 보인다.

비교는 금물이다. 있는 그대로 바라봐주고 들어주어야 한다. 나는 내가 직원이라고 생각하고 역지사지의 입장에 자주 서본다. 입장을 바꾸어 보면 이해가 되지 않던 점도 이해가 되고 문제가 풀릴 때가 많다.

구성원들이 하고 싶은 이야기를 할 수 있도록 분위기를 만들어 주는 게 오너의 역할이라고 생각한다.

〈성공한 리더는 자기 철학이 있다〉라는 맥스 드프리의 책을 보면 '어떤 사람이 최고의 자리에 오르는가?'라는 물음에 '리더란 따뜻한 가슴을 가져야 한다'는 답이 있다. 그리고 '리더는 울

줄 알아야 한다'고 한다.

함께 울어주는 것만큼 사람의 마음을 움직일 수 있는 게 또 있을까? 리더는 구성원과 같이 함께 웃고 함께 울 줄 알아야 한다. 오랜 시간 같은 목표 아래 일하며 희로애락을 함께하다 보면 혈족과도 같은 정이 생긴다. 그렇게 되면 그곳을 떠날 수 없다. 직원들이 바뀌지 않는다는 것은 그만큼 일하기 좋은 일터라는 뜻이다.

우리 베이커리에서는 한때 감사편지를 서로 교환하고 회식이나 미팅 자리에서 직원들이 편지를 읽는 행사를 한 적이 있다. 평상시 늘 함께하면서도 고마운 걸 표현할 줄 모르고 지내다가 편지로 마음을 전달하면서 그곳은 웃음바다가 되기도 하고 눈물바다가 되기도 했다. 내가 기획한 이런저런 이벤트 중 가장 효과가 좋고 감동적인 프로그램으로 기억한다.

나는 그때 편지를 읽으며 울고 웃던 직원들의 얼굴을 기분 좋게 떠올리는데, 다행인 건 그 익숙한 얼굴들이 아직도 나와 함께 일하고 있다는 것이다.

작지만 강한 빵집,
나의 일터

Premium quality

2003년, 서울을 떠나 대구 월성동의 제과점을 인수했는데 10평 규모의 작은 매장이었다. 지금의 베이커리에 비하면 10분의 1에 불과한 규모였다.

돈이 없어 인테리어를 바꿀 생각조차 못하고, 원래 간판 그대로 오픈을 했다. '휘트니 과자점'이었다.

사실 인테리어나 규모는 중요하지 않았다. 작지만 내 가게라는 사실만으로도 벅차고 흥분되었다. 당시에는 사는 집도 월세인데다 고정지출이 많아 저축이 쉽지 않았다. 집 평수를 줄이고 약간의 보증금을 마련해 조그마한 방 두 개짜리 다세대주택 전셋집을 얻었다. 월세를 줄여 조금 더 저축을 하기로 한 것이다. 집도 베이커리도 너무 작았지만 우리 가족의 공간, 나만의 공간이 있다는 사실만으로도 행복했다. 앞으로 내가 꿈꿔 왔던 일들을 하나하나 펼쳐나갈 수 있다고 생각하니 가슴이 벅찼다.

사업 초기에는 여러 가지 시행착오를 겪었다. 대구라는 지역이 낯설기도 했지만, 무엇이든 처음 경험하는 것이 많다 보니 실수도 많았다. 그럼에도 아내와 나는 힘들다는 생각을 하지 않았다. 우리의 꿈을 펼치고 있다는 것이 마냥 좋았던 것이다.

그러면서 차츰 익숙해져 갔다. 지금 당장 매출은 얼마 안 되지만 시간이 지나면 나아지리라는 확신이 있었다. 기술자로서 내공을 쌓은 것이 10년 세월이었다. 3개월 이후부터는 매출을 끌어올릴 수 있다는 확신이 있었다. 그만큼 자신만만했다.

가장 큰 고민은 매출액이 아니라 이웃과의 관계였다. 그때만 해도 외지인을 배척하는 분위기가 강했다. 지방 도시에서 사업을 하려면 학연, 지연 등이 매우 중요하다는 사실을 그때 느꼈다.

매장에서도 마찬가지였다. 아내와 나는 고객들에게 상냥하게 웃으며 다가갔건만 워낙 작은 가게이다 보니 처음부터 무시하는 고객이 많았다. 아내의 마음고생이 특히 심했고, 속상한 순간들이 종종 생겼다.

6개월 정도 지나자 조금씩 변화가 보였다. 늘 한결같은 우리 부부의 모습에 고객들이 달라지기 시작한 것이다. 사람들에게 늘 웃으며 다가갔더니 어느 날부턴가 그들도 웃으며 다가왔다. 손님 중에 성당에 다니는 분들이 있었는데, 인연이 닿아 성당에도 나가게 되었다. 타지에서의 고단한 생활에 어쩌면 위로받고

힘을 얻고 싶은 마음도 작용했을 것이다.

사람들은 실패하면 제일 먼저 자신을 탓한다. 남의 탓을 하는 것보다 나은 것 같지만 지나친 자학은 자신감만 떨어뜨리고 실패의 악순환만 불러올 뿐이다.

빵을 만들어 파는 게 얼핏 편해 보이지만 다른 직업들처럼 고충이 있게 마련이다. 근무시간이 길다 보니 가족들과 함께 지내는 시간이 부족하고 팔리지 않아 남은 빵이 수북해도 가슴이 무겁다. 다행히 시간이 갈수록 남는 빵은 점차 줄어들었지만, 가족과 함께할 시간이 부족한 것은 항상 큰 문제였다.

나는 그것을 당연하게 생각하기 싫었다. 평소 나 자신과 우리 가족에게 자주 들려주는 메시지가 있으니 '히어 앤 나우(Here and Now)'이다. '여기 지금', 바로 현재를 즐기라는 말이다.

미루지 말고 지금 여기 있는 곳에서 최선을 다하자는 의미이다. 가족이 너무 소중해서 함께하고 싶은 마음을 담은 나의 메시지는 다행히도 아내와 아이들에게 잘 전달이 되었던 것 같다.

또 초기 어려움을 겪었지만 진심을 알아주고 우리 빵을 사랑하는 고객들이 늘면서 나의 작은 베이커리도 자리를 잡아갔다.

제3장 날고 싶은가? 준비하라!

포기하지 않으면
길은 열린다

Premium quality

초밥집 일류 주방장은 밥을 쥘 때마다 밥알의 개수가 거의 일정하다고 한다. 차이가 나봤자 두세 알 정도이다. 〈생활의 달인〉 같은 프로그램을 보면 나와 별로 다르지 않은 우리 옆의 보통사람들이 어떻게 노력해서 달인의 경지에 오르는지 잘 보여준다.

'마지막이다' 하는 각오로 빚을 내어 얻은 빵집이나 식당에 손님이 들지 않아 망하는 분위기 속에서도 끝까지 포기하지 않았던 사람들이 바로 그 주인공들이다. 사랑하는 가족과 길거리에 나앉게 될지도 모를 공포 속에서도 포기하지 않고 매일매일 자기만의 육수나 양념이나 배합 비법을 개발했던 사람들은 끝까지 살아남아 장인이 되고 대박집 사장이 되었다.

절실함만 있다면 어떤 역경도 극복할 수 있다. 자신의 분야에

제3장 날고 싶은가? 준비하라!

서 포기하지 않고 능력과 기술을 숙련시킨 사람에겐 기회의 장이 열린다. 롤러코스터와 같은 인생이다. 곤두박질쳤더라도 수직상승할 수 있다. 일이 생각대로 되지 않더라도, 실패를 거듭하더라도, 인생의 한 부분이고 내가 성장해 나가는 과정이라 받아들이자.

그러기 위해선 단기적인 목표나 원대한 꿈도 필요하지만, 그보다 '뜻을 바로 세우는 기초작업'이 중요하다. 인생의 뜻을 세우고 기초가 탄탄한 사람은 실패도 다르게 받아들인다.

인생이 좌절의 연속이라 해도 그 또한 감내하고 즐기려는 태도로 다가가 보자. 삶과 죽음, 즉 'B(birth)와 D(death)의 사이에는 C(choice)만이 존재'할 뿐이다. 포기하고 싶은 마음이 들 때마다 선택에 집중하자. 선택도 연습이다. 연습 없이 일거에 이루어지는 것은 없다.

바람의 방향은 바꿀 수 없지만 배의 방향은 조정할 수 있다. 우리 운명은 우리의 생각과 행동에 의해 결정된다. 불어오는 바람에 대응하는 방법이 곧 우리의 태도이다. 강풍이 몰아치고 파도가 몰려온다고 해서 나의 항해(꿈, 비전, 목적지, 목표)를 포기할 수는 없지 않은가? 바람만 탓하는 건 시간낭비일 뿐이다. 내 태도를 어떻게 정할지가 문제이다. 때로는 흔들리고, 내가 하는 일이 너무 초라하게 느껴질지라도 절대 포기하지 말고 끝까지 도전해 보자.

사업을 하다보면 크든 작든 여러 번의 위기가 오게 마련이다. 나 또한 여러 번 경험하면서 깨달은 사실이 하나 있다. 포기하지 않고 살아남으면 강한 자가 될 수 있다는 점이다.

처음부터 강한 자는 없다. 밀림의 왕 사자도 어릴 때는 다른 동물들처럼 연약한 한 마리 새끼일 뿐이다. 하지만 치열한 동물의 세계에서 살아남으려면 강해져야 한다. 디즈니의 애니메이션 〈라이온 킹〉의 주인공 심바처럼, 두려움을 극복하고 빼앗긴 정글의 왕 자리를 찾아 나서야 한다.

세상살이 또한 그렇다. 처음부터 모든 걸 가지고 태어난 사람은 없다. 살아가는 과정 속에서 살아남기 위해 스스로 강해질 뿐이다. 수많은 고난 속에서 절망하지 않고 열심히 공부하며 앞으로 나아가다 보면 내가 원하는 모습으로, 원하는 삶을 살 수 있다.

지금 아무리 힘든 처지에 내몰려 있다 하더라도 희망을 버리지 말고 앞으로 나아가라. 강한 자가 살아남는 게 아니라 살아남는 자가 강자인 것이다.

제4장

· 나는 꿈을 굽는 ·
사람이고 싶다

포항의 마스코트가 된
빵 배달차

Premium quality

우리 매장은 매달 시식용 빵으로 지출되는 비용이 다른 매장보다 월등히 높다. 가끔씩 보면 시식용 빵으로 배를 채우는 고객들도 더러 있지만 나는 개의치 않는다. 우리 빵이 그만큼 맛있다는 뜻이니 오히려 고맙게 생각한다. 그 고객이 수많은 빵집 중에서 우리 베이커리를 찾아주는 것만도 고맙다.

돈보다 고객들에게 받는 사랑이 우선이다. 최선을 다하면 고객들도 인정해 준다. 사람을 너무 좋아하는 나는 내가 만든 빵을 고객들이 맛있게 드시는 모습을 보면 너무 행복하다. 그러니 설령 두 개를 주고 한 개를 얻는다 해도 그것만으로도 충분하다.

이 빵 저 빵을 맛보는 고객의 모습을 나는 웃으며 매의 눈으로 관찰한다. 반응을 보는 것이다. 그리고 고객의 대화도 놓치지 않는다. 어떤 빵이 맛있고 반응이 좋은지 살펴서 빵을 만들 때 반영하기 위해서다.

우리 베이커리에는 손님들이 아주 재미있어 하면서 신기하게 쳐다보는 물건이 하나 있다. 바로 '배달차'이다. 매장 앞에 주차되어 있는 조그만 경차를 보고는 빵집에서 빵을 배달해 주는 것만도 놀랍다는 반응을 보인다.

12년 전, 대구를 떠나 포항으로 처음 왔을 때 내 목표는 내가 만든 빵을 포항의 모든 시민이 다 맛볼 수 있도록 한다는 것이었다. 하지만 포항 중심지에서 벗어난 외각의 시장 안에 매장이 있어 많은 고객이 쉽게 찾을 수 있는 입지 조건은 아니었다.

어떻게 해야 할까 해결책을 찾기 위해 궁리에 궁리를 거듭했다. 방법 중 하나는 고객을 찾아 내가 이동하는 것이었다. 배달차에 빵을 싣고 직접 배달을 다니면서 매장을 알리기로 했다. 소극적으로 기다리고만 있지 않고 직접 찾아나선 것이다. 매장을 알리기 위해서는 공격적이고 적극적인 자세만이 최상의 선택이고 해결책이었다.

당시에는 신차를 구매할 형편이 되지 않아 중고 경차를 선택했고, 그 차로 포항 구석구석 한 군데도 빠트리지 않고 배달을 다녔다. 얼마나 잘한 선택이었는지! 작은 빵차는 포항의 마스코트가 되어 지금도 포항의 골목골목을 누비고 있다.

우리 베이커리 근처에는 포항공대 교수 아파트와 포스코 임직원 사택이 위치해 있는데 무려 3만 세대나 된다. 그리고 고층 아파트와 저층 아파트가 혼재해 있다. 그렇다 보니 배달은 고객의 불편함을 해소하면서도 한스드림을 알릴 수 있는 좋은 계기였다. 그렇게 하루하루 기쁜 마음으로 배달차를 몰았다.

배달을 갈 때도 나는 아무렇게나 하고 대충 가지 않았다. 잘 다린 깨끗한 셰프복을 입는 것은 물론, 빵만 배달하고 그냥 오는 법이 없었다. 아무리 바빠도 주문한 빵을 건네며 고객들과 잠시 이런저런 이야기를 주고받는다.

고객의 이야기를 직접 들을 수 있다는 것은 너무 감사한 일이었다. 흰색 유니폼을 보고 내가 배달하는 사람인 줄 알았던 고객들은 내가 셰프이자 사장인 것에 놀라고, 작은 케이크 하나도 배달하는 서비스에 또 한 번 놀랐다.

사실 기름 값이나 비용을 먼저 생각했다면 그렇게 할 수 있는 일이 아니었다. 미래와 전체를 염두에 둔 포석이었다. 고객들과의 관계가 얼마나 중요한지 나는 알고 있었던 것이다. 언젠가 알아주고 찾아주기를 기다리기보다 우리가 먼저 고객을 찾아 나서기로 한 그 선택은 절묘해서 지금은 고객들이 먼저 우리 베이커리를 찾아주신다.

시식용 빵바구니에서
마술이 펼쳐진다

Premium quality

귀여운 빵배달 차와 함께 우리 한스드림을 상징하는 또 다른 하나는 앞에서 잠깐 소개한 '시식'이다.

　문을 열고 매장에 처음 들어온 고객들의 공통된 반응이 하나 있다. 시식 바구니를 보고 깜짝 놀라며 자신도 모르게 "우와"라는 감탄사를 내뱉는다. 실제로 고객들이 가장 반기는 것 중 하나가 바로 시식용 빵바구니인데, 우리 매장을 이야기할 때 이 부분을 빠트리는 법이 없다.

　우리 매장의 시식용 빵바구니는 잠시도 비지 않는다. 비기 전에 채워지고 가장 맛있고 부드러운 상태로 고객이 맛보도록 타이밍 또한 절묘하게 관리하고 있다.

　배달 서비스와 마찬가지로 시식 역시 어느 날 갑자기 아무 생각 없이 시작한 게 아니다. 오래 전 조선호텔 베이커리에 근무할 때부터 시작한 일이다.

　조선호텔 재직 당시 빵집에서는 생산도 중요하지만 적극적인 판매 없이는 매출이 오르지 않는다는 사실을 경험했다. 당시 직영점 전체 총괄 책임자를 맡고 있던 나는 고객들이 빵을 맛보고 나면 그것이 빵 구매로 어느 정도나 이어질지 너무 궁금했다.

그래서 실험을 해봤더니 시식을 했을 때 거의 1.5배 이상 매출이 상승하는 게 아닌가! 빵집에서 시식이 얼마나 중요한지 알게 된 것이다.

활기찬 매장 분위기나 고객들과의 소통을 위해서도 꼭 필요한 것이 바로 이 시식이었다.

이마트 상봉점에서 일할 때도 매장 앞에서 직접 고객들과 이야기 나누며 시식을 하도록 했더니 결과는 놀라웠다. 우리 점포가 전국에서 매출 1위 점포로 올라선 것이다.

신제품이 나오면 더욱 적극적으로 시식을 권했다. 맛이 어떤지 알아야 고객들은 그 빵을 산다. 대부분의 고객은 자신이 평소 좋아하는 빵을 습관적으로 고르는 경향이 있는데 새로 나온 빵을 눈앞에서 잘라 보이며 고객들에게 설명하니 아주 즐거워했다. 매출도 매출이지만 시식을 통해 고객과의 커뮤니케이션이 훨씬 원활해진 것이다.

우리 베이커리가 늘 고객으로 북적대는 활기찬 매장으로 변한 데는 충분히 그럴만한 이유가 있었던 것이다.

우리는 시식용 빵도 큼직큼직하게 고객들이 보기만 해도 기분 좋을 정도로 먹음직스럽게 잘라 준비해 놓는다.

너무 작게 자르면 빵의 맛을 충분히 느낄 수 없고 또 금방 수분이 날아가 맛이 없다. 그렇다고 너무 많이 잘라 놓으면 빵의 표면이 마르고 밑은 수분 때문에 끈적거리고 눅눅해지기 십상이다. 때문에 직원이 수시로 시식용 빵바구니를 체크하면서 떨어지기 전에 적당한 양을 채워놓는다.

그렇게 하고 나니 고객들이 너무 좋아했다. 그리고 어느새 한스드림의 시식용 빵바구니가 소문이 나기 시작했다. 간혹 바구니가 빌 때가 있는데 우리에게 자기 빵을 맡겨놓은 것처럼 화를 내는 고객도 더러 있다. 기분 나빠하는 직원도 있지만 나는 오히려 그분들이 고마웠다. 우리 빵이 좋아서 찾아오신 분인데 빵이 떨어지니 얼마나 속상했을까, 그렇게 나는 이해한다.

물론 걱정스런 시선으로 바라보는 사람들도 많았다. 저렇게 퍼주다가 망하는 거 아니냐며 수군대기도 했다. 하지만 나는 그런 말에 신경도 쓰지 않았다. 우리 베이커리의 시식용 빵바구니에 항상 빵을 가득 채워 넣었다.

그리고 사소한 것 같지만 빵을 담아놓는 시식 그릇도 차츰 진화해 갔다. 처음에는 빵이 마를까 봐 투명한 비닐봉지에 담았다. 그런데 보기에 좋지 않았다. 그 다음에는 플라스틱 용기를 마련했다. 봉지보다는 나았지만 플라스틱 용기에 담은 빵을 고객에게 시식하게 하니 제대로 된 대접이 아닌 것 같아 마음에 걸렸다. 그래서 고심 끝에 일반 가정에서 많이 사용하는 명품 접시 코렐로 바꾸었다. 떨어져도 잘 안 깨지니 안전하고, 보기에도 좋지 않을까 싶었다. 고객들은 얼핏 보면 무심한 것 같으나 이런저런 노력을 또 캐치하는 데는 일가견이 있다. 그러니 시식 그릇 하나도 신경을 쓰지 않을 수 없다.

이처럼 나는 작은 부분 하나도 그냥 넘어가지 않고 세심하게 관리했다. 고객들과 계속 소통하고 싶고 그들이 바라는 것을 제품과 서비스에 곧바로 반영하고 싶어서다.

나와 같은 생각을 하는 사람들이 많았는지 시간이 지날수록 시식문화가 자리잡혀 지금은 시식을 하지 않는 빵집은 보기 드물 정도가 되었다. 진정성을 가지고 하는 작은 이벤트가 얼마나 중요한지, 얼마나 큰 효과를 내는지 알 수 있는 사례가 아닐까 생각한다.

나누거나 베풀면 돌아온다. 나누는 마음으로, 고객에게 어떤 즐거움을 제공할까 하는 마음으로 아이디어를 내고 실행하면 몇 배의 결실로 돌아올 때가 많다. 단기적인 이익보다 고객을 생각하는 마음이 먼저일 때 고객들은 신기하리만치 그것을 잘 알아준다.

나눔과 소통이 우선인 경영철학이 그래서 중요한 것이다.

고객은 대접받을
권리가 있다

Premium quality

내게 제일 중요한 건 우리 베이커리를 찾는 고객의 건강과 행복이다. 돈은 그 다음이다.

　고객이 욕심을 내어 한꺼번에 너무 많은 빵을 사거나, 단골의 경우 아내가 오후에 사간 빵을 남편이 퇴근길에 또 사러 오면 나는 그 사실을 알리고 만류한다. 빵은 달걀만큼이나 제조일자가 중요해서 너무 많은 빵을 사가면 나중에는 그만큼 신선도가 떨어진 상태의 빵을 먹게 될 우려가 있기 때문이다.

　요즘은 '블랙 컨슈머'라고 해서 불량고객을 향한 시선이 곱지 않지만 나는 고객은 고객으로서 충분한 대접을 받을 권리가 있다고 생각한다. 그러므로 나는 모든 것을 먼저 고객의 입장에서 바라본다.

　매장의 동선도 너무 멀지 않은지, 불편하지 않은지 고객의 입장에서 체크하고 세심하게 살핀다.

친절한 응대는 기본이어서 아내와 간혹 의견이 충돌해 기분이 안 좋을 때도 항상 웃는 모습으로 대한다. 이는 처음 매장을 열 때부터 약속하여 실천하고 있는 우리 부부의 철학이다. 개인적인 일이나 문제로 고객을 불편하게 하면 안 된다는 것은 너무나 당연한 것이다. 고객이 더 이상 소중하게 생각되지 않고 매너리즘에 빠져 고객을 소홀하게 대하는 날이 온다면 우리는 베이커리를 닫기로 약속했다.

내 아내는 그런 부분에 특히 철저해서 고객을 응대하고 빵을 판매할 때도 철저하게 고객의 편에서 생각하고 행동한다.

또 새 직원이 오면 매장의 모든 빵을 맛보도록 해서 판매할 빵의 맛을 정확히 알게 한다. 직원이 맛을 알아야 안내를 원하거나 질문해 오는 고객에게 정확한 정보를 줄 수 있기 때문이다. 고객들이 빵을 많이 사가도록 하는 게 아니라, 얼마나 더 맛있게 먹을 수 있는가에 대한 팁을 알려 주는 것이 우리의 의무라고 생각한다.

너무 많은 빵을 사는 고객에겐 선물용인지 혹은 집에 손님이라도 오는지 물어보고 아니라고 하면 몇 개 덜어내자고 한다. 그런 일이 여러 번 반복되자 단골들은 고마워하며 더욱 자주 우리 베이커리를 찾게 되었다. 고객 수도 많이 늘었다.

진심은 결국 통하게 되어 있다.

요즘 시대의 최대 화두는 뭘까? 바로 건강이다. 과거에는 빵을 고르는 최고의 기준이 '맛'이었다. 물론 맛은 지금도 중요하다. 하지만 요즘은 건강에 지대한 관심을 가진 고객들이 많아 빵도 예전과는 다른 방식으로 만들어야 한다.

그래서 대구에서 매장을 운영할 때부터 최대한 건강한 빵을 만들기 위해 설탕의 양을 줄이는 등 나만의 배합표를 하나씩 만들어 나갔다. 또 과일에서 추출한 재료로 길게는 일주일 정도 저온에서 숙성하고 발효시켜 빵을 만들었다.

건강을 최우선으로 생각하고 빵을 만들어야 겠다고 생각하게 된 계기가 있었다. 그때는 건강빵에 대한 고객들의 관심이나 인식이 지금처럼 높지 않았다.

어느 날 한 여성 손님이 찾아와 머뭇머뭇하며 내게 말을 걸었다. 자기는 빵을 너무 좋아하는데 당뇨가 심해서 혈당이 올라갈까 무서워 맘 편히 빵을 먹을 수 없다는 것이다. 그 이야기를 듣고 나는 너무 안타까웠다. 고객이 안심하고 빵을 드시게 해주

제4장 나는 꿈을 굽는 사람이고 싶다

고 싶었다. 나는 당장 건강과 식품 관련 책을 사서 공부를 시작했다. 당뇨병 환자들도 안심하고 먹을 수 있는 빵, 다이어트를 고민하는 고객들을 위해 칼로리가 낮은 빵을 만들고 싶은 것은 평소의 내 소망이었다.

건강한 빵은 재료에서 설탕이나 소금만 줄인다고 되는 것이 아니다. 건강한 빵에 관심이 더 늘어나면서 나는 대구 약령시장에 수시로 들러 당뇨병은 물론 각 질환별로 몸에 좋은 약재들을 찾아보았다. 그 과정에서 하수오 등 일곱 가지 약재를 알게 되었다.

나는 그 약재들을 구입해 제분하고 기술적인 방법을 가미해 잡곡식빵에 활용했다. 마침내 먹어도 혈당이 올라가지 않는 빵을 제일 먼저 만들어 그때 그 고객과의 약속을 지켰다.

한 사람 한 사람 고객의 건강을 생각하며 빵을 만드는 것, 파티쉐라면 꼭 가져야 할 마음가짐이 아닐까?

우리가 파는 것은 빵이 아니라 우리의 마음이다. 고객들의 마음을 감동시켜 한입 베어 무는 순간 입 안 가득 기쁨과 행복을 느끼도록 하는 게 나의 일이다.

나는 빵 만드는 일에 대해 말로 표현 못할 만큼의 사명감을 가지고 있다. 내가 하는 일의 가치를 인식하고 마음을 모아 최선을 다하는 행위는 인생에서 가장 중요한 것이라고 생각한다.

우리는 단순한 상품이나 서비스를 제공하는 게 아니라 사람들의 미래에 좋은 영향을 끼치는 프로그램을 만들고 또 실행하고 있는 것이다. 고객을 위하는 선한 마음이 작동될 때 이 세상에는 이제껏 볼 수 없었던 새로운 제품과 서비스가 탄생한다. 바로 우리가 만드는 궁극적인 가치이자 아름다움인 것이다.

엄격하게 말해 예술이든 제품을 만드는 일이든 세상에 태어나 우리가 하고 있는 일 가운데 모방이 아닌 게 있을까?

빵 하나 쿠키 하나를 만들더라도 그것은 선배나 그 위의 스승, 또 그 위의 스승으로부터 전수된 것이다. 설사 새로운 빵을 개발했다 하더라도 그 빵을 만들기까지 배합이나 발효나 디자인이나 모든 것은 내가 배워온 지난 시간의 산물이라 할 수 있다. 그러므로 모방과 완전히 무방하다고는 할 수 없는 것이다.

그런데 그것이 무엇이든 학습에 의해 내가 알게 된 것들에는 나만의 것, '나의 혼'이 깃들어야 한다.

제4장 나는 꿈을 굽는 사람이고 싶다

빵은 물론, 우리의 삶도 마찬가지다. 단순히 쾌락이나 영리로만 창작되고 모방되어서는 안 된다. 누가 보더라도 '나의 혼'을 느낄 수 있어야 생명력을 얻는다. 그것이 우리가 하는 모든 일에 '진정성'을 담아야 하는 이유이다. 먹고 살기 위해 생계의 방편으로 빵을 만드는 행위도 소중하지만, 거기에 나만의 고유의 정신이 깃든다면 더 이상 바랄 게 없을 것이다. 남의 것만 흉내 내고 따라하다가 인생을 마친다면 아쉬움이 남지 않겠는가!

'나'의 진정성을 사람들이 읽고 맛볼 수 있으려면 스스로 최선을 다하는 자세로 모든 일에 임해야 한다. 우리의 삶은 보다 의미 있고 가치 있는 뭔가가 되어야 한다.

우리 한 사람 한 사람은 무엇과도 바꿀 수 없는 소중한 존재이기 때문이다. 고객 한 사람, 한 사람도 그렇다.

표현하지 않으면
아무도 모른다

Premium quality

나는 표현을 중요하게 생각하는 사람이다. 아내에게도 관심과 애정을 변함없이 보여주고 그때그때 솔직하게 표현한다.

　직장에서라고 다르지 않다. 나는 직원들에게도 애정 표현을 자주 하는 편이다. 직원들이 나를 어려워하고 소통이 잘 안 되어 오해가 생기는 것이 싫어서다. 그리고 보기만 해도 좋은 걸 어떡하랴!

　물을 적당히 주어야 나무가 잘 자라듯, 직장이나 어떤 조직에서도 상사나 리더의 관심과 애정은 구성원들의 사기를 진작시킨다. 반대의 경우는 또 말할 것도 없다.

　단골 고객이 문을 열고 들어오면 반가워서 웃음이 절로 나온다. 나는 도무지 감정을 숨기려야 숨길 수가 없는 사람이다. 고객이 환히 웃으면 나는 더 큰 웃음으로 화답한다.

사람들하고 말하기를 워낙 좋아했던 나는 이른바 사춘기라는 중학교 시절에도 뚱하기는커녕 수다스럽고 애교를 잘 떨었다. 그래서 친구도 많았다.

타고난 것인지, 좋아하는 사람들에게는 스킨십과 함께 사랑한다고 거침없이 표현한다.

출장 등의 사유로 내가 집을 자주 비우는데도 변함없이 우리 아이들과 친구처럼 지낼 수 있는 이유는 간단하다. 마음을 담은 편지를 써서 주기 때문이다. 그리고 아무리 바빠도 나는 전화를 걸어 아이들과 아내의 목소리를 자주 듣는다.

연애를 할 때는 말할 것도 없고, 가족끼리도 표현을 자주 해야 한다고 나는 생각한다. 이 세상에서 가장 소중한 사람에게 애정과 관심을 보여주는 건 당연한 일이다. 그렇다면 그 진심을 어떻게 보여주어야 할까?

내가 진심을 전하는 방법 중 하나는 바로 메모이다. 마음이 잘 전달되기를 바라며 상대에게 메모를 남기는 것이다. 직접 쓴 메모의 힘은 대단하고 효과도 아주 좋아서 나는 지금도 메모를 자주 이용한다.

사람들에게 마음을 표현하는 건 그리 어렵거나 힘든 일이 아

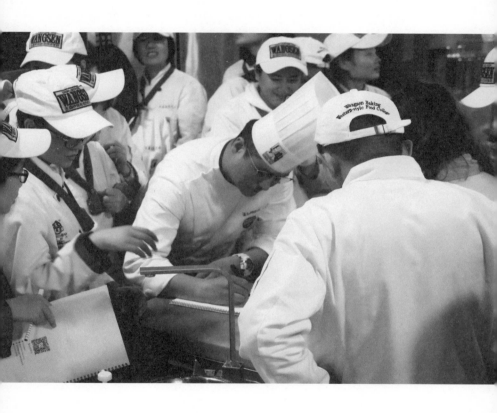

193   제4장 나는 꿈을 굽는 사람이고 싶다

닐 수 있음에도 우리가 외면하는 이유는 그렇게 하는 게 어색하거나 귀찮아서이다. 쑥스러워서, 또 자존심이 상해서 표현을 안 한다는 사람들도 있다. 그런데 곰곰이 생각해 보면 내 마음을 솔직하게 표현할 수 있다는 건 그만큼 자신이 있다는 이야기이고 나 자신을 사랑한다는 말이다. 그렇지 않은가!

세상에 대한 두려움은 나 자신에 대한 두려움이기도 하다. 두려움은 자기 내부에서 나온다. 어떤 사실이나 사람을 대할 때 있는 그대로 대하고 또 있는 그대로 받아들여 솔직하게 표현할 수 있는 사람은 이 세상에서 가장 용감한 사람인지도 모른다.

상대방이 언젠가 알아주겠지 하며 표현도 하지 않고 기다리기만 하는 것은 점잖은 태도도 아니고 순수함과도 거리가 멀다.

용기는 솔직한 것이고 표현하는 것이다. 마음속에 계산이 없을 때 사람은 솔직해지고 용감해진다.

표현하지 않음으로 인해 일어나는 오해와 갈등이 얼마나 많은지 나는 그것이 무서워서라도 그때그때 내 마음을 전달하려고 한다. 물론 또 그것 때문에 오해를 사는 경우도 있지만….

마음을 곧게 하고 그대로 실행함으로써 양심의 가책을 느낄 만한 일이 없다면 누구를 만나더라도 어떠한 상황에서도 당당하고 솔직해질 수 있다.

솔직하지 않은 것이 아니라 솔직함을 숨기는 것이 대부분 어른들의 선택이라면, 때로는 가벼운 사람이라는 오해를 받더라도 나는 지금과 같이 솔직하게 말하고 애정을 표현할 것이다(그래도 고객을 대할 때는 조금은 조심스러운 게 사실이다).

표현이 곧 사랑이다. 우리 모두 마음껏 표현하면서 살 수 있기를!

나만의 DRAMA를
펼쳐라

Premium quality

동네 빵집을 하면서 가장 힘들었던 부분은 바로 '경영'이다. 빵을 만드는 사람들의 최종목표는 자신만의 브랜드를 가지는 일이다. 대부분이 그런 꿈을 갖고 빵집을 연다. 하지만 빵집을 운영한다는 건 빵을 만들기만 하는 게 아니라 경영을 해야 하는 일이다.

좋은 재료를 사용해 건강한 빵을 만드는 장인정신과 이윤을 남겨 지역사회에 환원하는 빵집을 운영하는 경영마인드는 완전히 다르다. 장인정신을 살리자면 경영이 안 되고, 경영을 하자면 장인정신을 지키기 어렵다. 장인정신을 지키면서도 나만의 브랜드를 개발하고, 그것을 사람들이 좋아해 주는 그런 접점을 만들기가 힘들다는 말이다.

나는 자기가 하는 일에 소신과 철학이 있는 사람이 좋다. 그것이 개똥철학이든 똥고집이든 자신만의 색깔과 철학이 있는 사람이 좋다.

나는 운이 좋아서 사회 각 분야에서 성공한 CEO들을 많이 만나보았다. 그리고 그분들의 살아온 이야기를 들으면서 공통점을 발견했다. 자신만의 '철학'이 있어야 성공할 수 있다는 것이다. 돈을 왜 벌어야 하는지, 또 돈을 벌면 어떻게 쓸지 생각해볼 것이 많다. 목표가 분명해야 더 분발하고 노력할 수 있고, 목표를 이루었을 때 실행에 옮길 수 있다.

나와 한스드림베이커리의 경영철학은 네 가지이다. 첫 번째는 직원들과 함께하는 소통경영, 두 번째는 고객들과 함께하는 감동경영, 세 번째는 지역주민들과 함께하는 나눔경영, 네 번째는 협력업체와 함께하는 가치경영이다. 이 네 가지 철학이 나와 우리 직원들을 움직이게 하는 원동력이다.

우리가 잘되면 재료 공급업체 등 함께하는 협력업체들도 더불어 성장한다. 그들은 꼭 필요한 조력자이자 동반자이자 파트너인 것이다. 지역주민들도 꼭 기억해야 할 사람들이다.

그럼에도 많은 오너들이 고객이나 직원의 중요성은 알아도 협력업체에 대해서는 깊이 고민하지 않고 조금 얕보는 경향이 있는 것도 사실이다.

우리는 솔선해서 이 불공평한 구조와 마인드를 바꾸고 좀더 세심하게 행동하고 실천해야 한다. 눈앞의 수익보다는 가치 있는 경영을 통한 고객감동에 주력해야 한다.

조금 더 자세하게 나의 드라마(DRAMA)를 소개하면 다음과 같다.

나는 청소년 시절 일찍부터 제과학교에 입학하면서 빵을 매개로 한 꿈을 가질 수 있었고 사람을 사랑할 수 있게 되었으며 적극적으로 행동하는 사람이 되었다. 또 빵을 만들고 연구하면서 호기심을 가졌고, 그것은 삶의 호기심으로 연결되었으며, 이

제4장 나는 꿈을 굽는 사람이고 싶다

로 인해 해외 이곳저곳을 누비며 도움을 요청하는 이들에게 빵 만드는 기술을 전수하게 되었다.

무엇보다 빵을 통해 정직한 노동과 삶의 태도를 배웠다.

고등학교를 중퇴하고 방황하던 나는 빵을 통해 지역사회와 세상에 선한 영향력을 미치는 리더로서의 삶을 살아갈 수 있게 되었다. 빵을 만난 순간이 내 인생의 가장 큰 터닝포인트였던 셈이다.

나는 빵을 통해 세계에 대한민국을 알리고 싶다. 민간 제빵 외교관이 되려 한다. 파티쉐를 꿈꾸는 후배들을 위해 해외 여러 나라와 적극 교류하면서 내가 할 수 있는 모든 지원을 해나갈 계획을 가지고 있다. 많은 선배들의 관심과 사랑으로 내가 이곳 까지 올 수 있었듯, 이제는 후배들에게 든든한 버팀목이 되어 주고 싶다.

그리고 창창하고 장대한 나의 드라마를 펼치고 싶다.

Life is Bread, Life is DRAMA!

세계로 향하는
조그만 길을 내며

Premium quality

나는 매일 아침 잠깐 눈을 감고 생각에 잠기는 시간을 갖는
다. 5분 정도의 순간이지만 그날 할 일도 정리하면서 내 마음을
다진다. 그리고 마지막에는 항상 기도처럼 주문처럼 되새긴다.

　"오늘 누군가를 만난다면 직업에 상관없이, 박스 줍는 분을
만나더라도 자신의 일을 사랑할 줄 아는, 사명감을 가진 분을
만나게 해주십시오."

　이런 마인드로 매일 사람을 만나는 나는, 자신의 일을 사랑하
며 땀 흘리고 사는 사람들을 만나면 너무 반갑고 그들과 함께
계속 성장해 나가고 싶다.

　뚜렷한 목표와 사명감이 있는 사람은 같은 일을 해도 다른
사람보다 더 많은 경험과 깨달음을 얻는다. 또 다른 일을 하더
라도 역시나 일에 대한 사명감이 있다면 결국에는 그 분야에서
두각을 나타내게 된다. 때문에 사명감을 가지고 자기 일에 몰입
하는 건 매우 중요하다.

그렇다면 내가 생각하는 사명감이란 무엇일까? 바로 자기 일의 본질을 정확히 이해하고 그 일을 사랑하는 마음이다.

내가 만약 돈을 벌려고 작정했다면 적지 않게 벌었을지도 모른다. 재능기부를 위해 해외로 다니는 비용과 어려운 나라에 가서 기부하는 지원금, 국내에서 정기적으로 환원하는 수익의 일부, 1년 동안 적지 않은 금액으로 기부하는 빵값을 저축했다면 꽤 큰 금액이 될 것이기 때문이다.

하지만 나에겐 그게 전부가 아니다. 돈을 모으는 것보다 내게 더 의미 있는 것은 지금도 열심히 빵을 만들고 공부하고 있는 후배들의 길잡이가 되는 것이다. 그들과 함께 실력을 키워 나가며 멋지게 성장하는 모습을 보여주고 싶다. 그리고 그들과 함께 이 세상에 도움이 되는 유익한 일을 하며, 선한 영향력을 끼치고 싶다.

나는 누가 보더라도 조금 독특한 파티쉐일 것이다. 빵 만드는 것을 제일 좋아하지만 주방과 오븐 앞을 떠나 재능기부니 뭐니 세상 이곳저곳을 돌아다니고 있고, 사람들을 너무 좋아해서 이것저것 하는 일도 많다. 어떤 분들은 오해를 할 수도 있으리라.

혹시 명예욕이나 다른 욕심이 있는 건 아닌지 의심을 품을 수도 있다.

단언하건대, 내게 명예욕은 없다. 유명해진다거나 어떤 자리를 맡고 싶은 생각 따위는 추호도 없다. 내가 생각하는 건 오직 후배들에게 도움이 되는 선배가 되고 싶다는 것이다.

지금 이 순간도 마찬가지다. 내가 서 있는 자리에서 어떤 선배로 살아가야 시간이 지나도 후회하지 않을지, 어떻게 하면 그들에게 좀 더 구체적인 도움을 줄 수 있을지 생각한다.

전국을 돌아다녀 보면 멋지고 유능한 파티쉐들을 많이 만날 수 있다. 젊은 나이에 세상에 휩쓸리지 않고 밀가루가 묻은 작업복 차림에 상처투성이 손으로 빵을 만드느라 여념 없는 후배들을 보면 어떤 톱스타보다도 더 멋져 보인다. 특히 나처럼 어렵고 힘든 과정을 거쳐 자신의 힘으로 베이커리를 오픈해 잘 운영하고 있는 후배들을 보면 자랑스러워서 가슴이 두근거릴 정도이다.

고등학교 1학년 때 아버지가 돌아가시고, 사는 것이 너무 무서웠다. 뒷골목에서 친구들과 어울려 다니며 잠시 일탈도 했지만, 다행히 큰형의 인도로 제과학교에 입학할 수 있었다.

그 후로 내겐 꿈이 생겼다. 세상에서 제일 맛있는 빵을 만드는 파티쉐가 되고 나서 무조건 어려운 후배들을 도와주고 싶었다. 그들에게 꿈과 희망을 심어주고 싶었다.

누가 시켜서 그렇게 생각한 게 아니었다. 그냥, 내 가슴이 그런 마음을 품게 하더니 또 그렇게 행동하도록 이끌었다.

내가 잘났니 네가 잘났니, 사람들이 아웅다웅 다투는 모습이나 우물 안 개구리 같은 행동에 안타까울 때가 한두 번이 아니다.

외국을 다니다 보면 느끼는 게 많다. 시야를 해외로 돌리면 얼마든지 새로운 기회가 있다는 사실이다. 그러니 좀 더 넓은 마음으로 세상을 바라보았으면 한다.

꿈을 가지고 자신의 자리에서 묵묵히 빵 만드는 기술을 공부하고 연구하는 후배들의 미래를 위해 조금이라도 더 구체적인 도움을 줄 수 있는 안내자가 되고 싶다. 글로벌한 이 세상에서 그들이 마음껏 꿈을 펼칠 수 있도록 조그만 길을 내가 먼저 열려고 한다. 그래서 나는 요즘도 해외에 나가 기술 세미나를 진행하는 등 후배들이 설 수 있는 무대를 만들기 위해 각고의 노력을 기울이고 있다.

고령사회가 되면서 인구가 늘지 않고 감소하는 등 우리나라는 여기저기서 변화의 몸살을 호되게 앓고 있다. 소득 분배와 고용 문제 등 해결해야 할 일들이 산더미처럼 쌓였다. 앞으로 어떤 모습의 새로운 사회가 우리 눈앞에 펼쳐질지 짐작조차 할 수 없는 게 우리의 현실이다.

어쩌면 국내에서 꿈을 펼치는 것보다 해외에서 여러 가지 대안을 미리 준비해 보는 것도 나쁘지 않을 것이다. 다른 무엇보다 자신의 생각과 실력을 넓히고 높이는 것이 가장 절실하고 기본적인 과제일 것이다.

국내에서는 물론이고, 세계를 누비며 기량을 뽐내는 대한민국의 파티쉐들이 앞으로 더 많아졌으면 좋겠다. 후배들의 초석이 되기 위해 나는 앞으로도 더 열심히 노력할 것이다.

행복을 '빵빵'하게
주는 빵

Premium quality

나의 행복은 고객의 행복한 모습을 보는 것이다. 그래서 우리는 오늘도 '행복'이라는 빵을 굽는다.

간혹 이런 질문을 받을 때가 있다.

"당신에게 빵이란 무엇인가요?"

글쎄…, 나에게 빵이란 뭘까? 어떻게 보면 쉽고 어떻게 보면 어려운 질문인데, 굳이 말하자면 '빵은 곧 나 자신'이라고 말하고 싶다. 우리가 음식을 만드는 일은 지극한 내 마음을 누군가에게 음식으로 표현하는 행위이다. 빵 만드는 것도 마찬가지다. 빵을 통해 고객에게 '나'를 보여주고, 빵으로 내 마음을 표현하는 것이다. 결국 빵이란 내 마음이자 '또 다른 나'이다.

하나의 빵을 완성하기까지 수없이 빵과 대화한다. 그 과정에서 나와의 싸움을 통해 스스로를 완성한다. 어떻게 보면 빵을 만드는 과정은 나를 완성해 가는 수행 과정에 비길 수 있다.

30년 동안 내가 경험한 바에 의하면 파티쉐는 요식업 중에서도 가장 과학적인 작업을 수행하는 직업이다. 정확한 양이 들어가야 원하는 그 빵이 나온다. 그런 면에서 빵은 정직하고 무구한 작품과도 같다.

빵은 거짓이 없다. 좋은 재료를 쓸 때 맛있는 빵이 나오고 고객의 건강을 생각하며 만들어야 고객의 사랑을 받을 수 있다.

보통 요리는 손맛이라고 한다. 재료나 양념이 조금씩 더 들어가기도 하고 덜 들어가기도 하기 때문이다. 하지만 빵은 1g까지도 정확하게 계량한다. 1g 더 들어가고 덜 들어갔을 때 빵 자체가 완전히 달라지기 때문이다. 그러니 한치의 오차도 허용되지 않는다. 정직한 노력과 열정의 산물이 바로 빵인 것이다.

그래서일까? 직업으로 매일매일 빵을 만드는 사람들은 정직하고 순박한 사람들이 많다.

빵은 날씨와 온도에 따라 많은 것이 달라진다. 물의 계량도, 굽는 시간도 달라진다. 그 미세한 차이를 잡아내기 위해 빵 연구에 엄청난 시간이 투자된다. 습도와 온도가 조금만 달라져도 맛있는 빵을 기대하기 어렵다. 최적의 습도와 온도를 맞춰 주어야 반죽은 딱 적당하게 부풀며 숙성이 된다. 미생물들의 화학

제4장 나는 꿈을 굽는 사람이고 싶다

적인 변화까지 염두에 두어야 건강에도 좋은 최적의 빵을 만들
수 있는 것이다.

레시피와 재료만 있으면 누구나 쉽게 만들 수 있는 게 빵 같
지만, 만들어져 나오는 빵은 미세하게라도 차이가 있다. 만드는
이의 손맛과 기운이 다르기 때문이다.

프랑스 전통빵에는 물과 밀가루, 소금과 천연효모만 들어간
다. 그 외에는 아무것도 넣지 않는다.

그러면 어떤 차이로 빵의 맛이 달라지는 걸까? 빵 만드는 과
정에서 그 사람의 정성과 기술로 맛의 차이를 이끌어낸다. 또
기본을 얼마나 잘 지키느냐에 따라서 빵의 맛이 결정된다. 결국
기술과 인성의 합작품인 것이다.

요즘은 많은 브랜드들이 노슈거, 천연효모, 노버터 등 건강식
을 염두에 두고 재료에 주목한다. 물론 재료도 중요하지만 빵
만드는 사람의 생각이나 정성이 뒷전으로 밀리면 좋은 빵이 나
오기 어렵다. 기본을 지키며 정직한 빵을 만들어야 안심하며 먹
을 수 있고, 그것이 건강으로 연결되는 것이다.

레시피와 함께 중요한 것이 빵을 만드는 이의 마음가짐이다.

착한 재료와 진실된 마음으로 빵을 만들어야 한다. 내 아이와 내 가족이 먹을 빵을 어떻게 대충 만들 수 있겠는가!

고객의 건강을 지키겠다는 마음으로 만든 빵은 고객의 기대를 배반하는 법이 없다.

오늘도 나는 빵에 나의 마음과 인생을 담는다. 나의 인생은 빵처럼 그렇게 숙성되어 간다.

나의 인생 레시피도 한 장 한 장 차곡차곡 쌓여 가는 중이다.

나의
갈릭바게트

Premium quality

이상하게 포항 지역의 주민들은 생마늘을 갈아서 닭요리나 여러 음식에 곁들여 먹는 경우가 많아서 언젠가 빵에도 적용을 해봐야겠다는 생각을 했다.

　그래서 탄생한 것이 갈릭바게트이다. 오래 전 이마트에서 근무할 때 만들어 히트를 쳤던 프렌치바게트의 2탄인 셈이다.

　마늘의 향을 살리되 남녀노소 모두 즐길 수 있도록 맵지 않게 그리고 딱딱하지 않고 부드럽게 만드는 것이 관건이었다.

　1) 너무 달지 않을 것!
　2) 부드러울 것!
　3) 독한 향은 날리고 마늘의 좋은 향은 살릴 것!

　셀 수 없는 연구와 실험을 거듭한 끝에, 바게트를 구운 뒤 식으면 갈릭버터크림을 충전해 주고, 또 껍질을 비롯한 겉부분이 너무 말라버리면 안 되기에 별도의 토핑크림을 만들었다. 그렇게 해서 드디어 촉촉하고 부드럽고 향기로운 갈릭바게트가 완성되었는데 결과는 대성공! 시식이 끝난 후 직원들은 모두 웃으며 박수갈채를 보냈다.

갈릭바게트는 현재 한스드림 최고의 대표상품으로 매출에 크게 기여하고 있다. 대전 성심당의 부추빵, 군산 이성당의 단팥빵처럼… 우리 베이커리의 대표 메뉴가 되었다.

요즘은 각 분야의 마니아들이 늘어나 전국 유명빵집 투어를 하는 이들이 많은데 한스드림에 오면 제일 먼저 찾는 것이 갈릭바게트이다. 최근엔 또 어니언갈릭치즈빵이 그 후속타로 고객들의 사랑을 한몸에 받고 있다.

포항에서는 항암에 좋은 마늘로 계속 승부수를 던지고 있는데 앞으로는 또 어떤 빵이 탄생할지 모르겠다. 맛과 건강을 모두 잡아야 하는 것이 가장 중요한 숙제이다.

갈릭바게트는 내가 최초로 특허를 받아 판매하는 제품이지만 국내외의 중요한 행사나 세미나를 통해 레시피를 공개했다. 앞으로도 나는 기술과 함께 비법 레시피 같은 것이 있다면 공개할 생각이다.

내가 만든 인생철학 중에는 인생을 'LOTTO'에 두지 말고 'LOTO'에 두라는 것이 있다. Learn One Teach One, 하나를 배우면 하나를 가르쳐라! 일종의 재능기부인 셈이다.

갈릭바게트 이외에 특허받은 제품은 단호박 크렌베리 건강빵이 있다. 앞으로 닥칠, 아니 이미 다가온 고령사회, 노인들의 소화능력이 약하니 그것에 주안점을 두고 만들었는데 특허까지 받았다. 이 외에도 재치 있는 네이밍으로 고객들의 관심과 박수를 받고 있는 제품들이 많아서 네이밍 쪽에도 부쩍 신경을 쓰고 있다.

빵의 경우 가장 중요한 것은 맛과 고객의 건강이라는 사실을 잊지 말자.

　　　　　　　　제4장 나는 꿈을 굽는 사람이고 싶다

인생을 살아감에 있어 반드시 타야 할 군함이 있고, 타지 말아야 할 군함이 있습니다. '불편함'은 타야 하고 '편안함'은 타지 말아야 합니다.

'불편함'은 나를 창조적인 사람으로 인도해 주고 성장시켜 주는 요소를 찾게 해주지만, '편안함'은 나를 게으르게 만들고 잠재력을 수면 위로 끌어올리지 못하도록 만들기 때문입니다.

이 책을 읽는 독자 분들이 거친 인생의 항해에서 불편함의 선장이 되어 주인공의 삶을 살아가는 동시에 모진 풍파 속에서 슬기롭게 얻어낸 지혜를 세상의 또 다른 이들과 공유하고 어려운 이들에게 선한 영향력을 끼칠 수 있는 진정한 리더와 리딩자로 성장하기를 바라는 마음으로 이 책을 바칩니다.

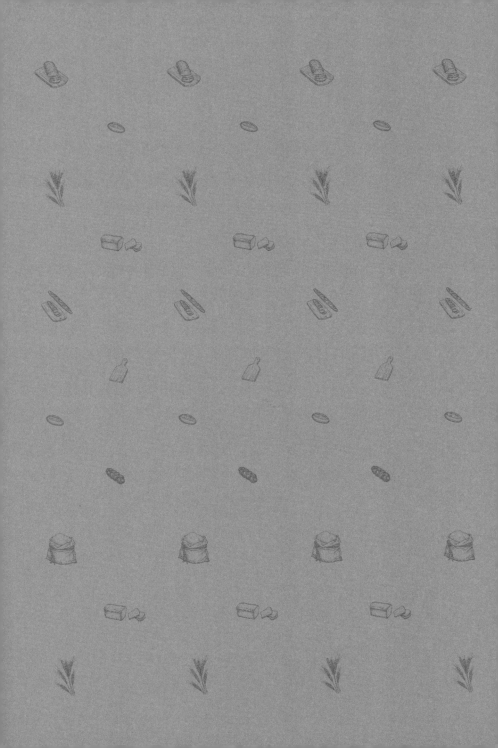

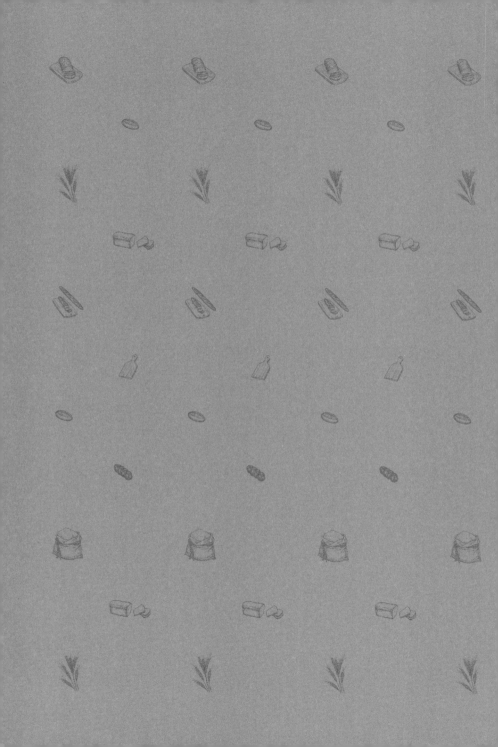

〈한스드림베이커리〉

"지식경영과 나눔경영을 실천하는
글로벌 휴머니즘 베이커리"

〈한스드림베이커리〉의 4대 경영철학

첫째, 지역과 함께하는 나눔경영
둘째, 직원과 함께하는 소통경영
셋째, 고객들과 함께하는 감동경영
넷째, 협력업체와 함께하는 가치경영

Life is Bread, Life is DRAMA!

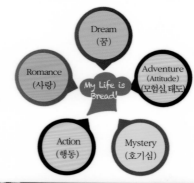

Life is Bread, Life is DRAMA.
달콤한 세상을 향해 오늘도 나는 꿈을 굽는다

〈마음을 담은 빵, 세상을 향해 굽다〉의 가장 매력적인 점은 한상백 셰프가 제빵인의 삶을 살아오면서 얻은 소중한 경험과 지혜를 집대성함으로써 마이스터 명장을 꿈꾸는 많은 청소년들에게 그 꿈을 이룰 수 있는 '새로운 길'을 제시하고 있다는 것이다.

한상섭, (사)한국마이스터정책연구원 이사장

셰프의 철학을 통해 빵빵한 삶을 맛있고 멋있게 살아가고 있는, 또 대한민국의 제과제빵 후배들의 방향을 잡아주는 디렉션 디자이너인 한상백 셰프에게 뜨거운 응원의 갈채를 보낸다. 이 책도 그가 빚은 빵처럼 달달한 삶의 양식이 되기를 바란다.

신계호, 국제로타리클럽 3630 경북총재

빵 공장에서 빵을 제조하던 한 종업원이 있었다. 가난으로 빵도 먹지 못했던 그는 어느 날 운명의 빵을 만나 공부를 시작한다. 이제 그는 빵을 공장에서 제조하지 않고, 자신이 주인인 베이커리에서 굽는다. 그가 바로 빵을 넘어 꿈을 굽는 한스드림베이커리의 한상백 오너셰프다. 가슴 뛰는 드림(Dream)으로 인생 드라마(Drama)를 써나가는 저자의 감동스토리는 눈물 없이 읽을 수 없는 인생역전 스토리다. 꿈으로 자기 인생을 살고 싶은 모든 이들에게 이 책은 인생지침서가 아닐 수 없다.

유영만, 지식생태학자, 한양대학교 교수, 「유영만의 청춘경영」 저자

작은 도시 포항에서 브랜드 빵집들과 당당히 대결하여 고객의 입맛을 사로잡을 수 있었던 비법은 과연 무엇일까? 십여 년 이상을 가까이에서 지켜본 한상백 셰프는 잠시도 가만 있지 않았다. 끊임없는 연구와 노력, 밤잠을 설친 외로움과 끈기가 있었기에 가능했다고 본다. 제빵월드컵 아시아대회 1위를 통해 그는 지금 수많은 동종업계의 누구도 따라올 수 없는 베이커리계의 신화가 되었다.

장기현, 한국카네기 중앙연합회 회장

값 13,000원

9791188348374